토니
블레어

토니 블레어

토머스 M. 콜린스 지음 | 김은혜 옮김

"테러리즘과 대량 살상무기가 결합될까요? 설사 우리의 결정이 틀렸다 하더라도 우리는 적어도 고통에 책임이 있는 위협적인 존재를 제거한 것입니다. 그것은 역사가 용서할 수 있을 것입니다. 그러나 만일 우리를 비판하는 사람들이 틀렸고, 우리가 옳다면 어떨까요? 더구나 통치권까지 있으면서 이러한 위협에 맞서는 것을 주저한다면 그것이야말로 역사가 용납하지 않을 것입니다."

| 토니 블레어 |

토니 블레어
Tony Blair

차례

01	참전 선언	09
02	풍족했던 어린 시절	17
03	학창 시절과 로큰롤	29
04	법과 정치	47

05	재야 내각에서 당수로	69
06	총리 당선	79
07	이라크와 발칸반도 문제	103
08	세계는 끊임없이 변한다	121
	맺음말	149

Tony Blair

01 참전 선언

그가 몸을 일으킴과 동시에 여러 국가들의 운명이, 그리고 무고한 민간인들의 운명이 매우 위험한 처지에 놓이게 되었다.

그날은 2003년 3월 18일 화요일이었다. 영국 런던의 아침 헤드라인 뉴스에서는 다음과 같은 소식이 연이어 보도되었다. "조지 부시 대통령이 사담 후세인을 추방하여 후세인 정권을 붕괴하겠다고 말했습니다." "유엔(국제연합)이 무기 사찰단을 철수

◀ 2003년 초, 영국의 총리인 토니 블레어는 영국 하원에서 이라크 전쟁을 지지하는 쪽으로 의견을 몰고 가려고 했으나 강한 반대에 부닥쳤다.

시켰습니다." "프랑스, 러시아, 독일은 무력 사용에 반발하고 나섰습니다."

영국 총리, 토니 블레어의 집이 위치한 다우닝 스트리트에는 차가운 바람이 거세게 불었다. 으스스한 봄날 아침에 블레어는 서재에 앉아 연설문을 검토하며 마지막 수정 작업을 하고 있었다. 그날 있을 연설은 한 국가의 원수에게 가장 중요한 연설, 바로 참전 선언이었다.

영국의 주요 도시를 비롯해 여타 도시에서 몰려온 영국의 국민들은 코앞에 닥친 전쟁을 반대하면서 거리 시위를 벌였다. 지구상에서 이라크 전쟁을 원하는 사람은 토니 블레어와 미국의 조지 부시 대통령뿐인 것처럼 보였다. 그도 그런 것이 블레어가 소속된 노동당마저도 격분해서 블레어에게 반기를 들었기 때문이다. 블레어는 선거에서 노동당을 승리로 이끌어 당의 신임을 얻었으나, 영국을 전쟁에 가담시키려 한다고 국민들로부터 비난을 받았다. 블레어 행정부에서 이미 장관 세 명이 사임했고, 블레어의 연설이 있었던 바로 그날에 노동당에서는 백 명도 넘는 하원의원들이 블레어에 반대하는 투표를 하기로 결

2003년 초에 미국이 주도한 이라크 전쟁에 반대하기 위해 모인 사람들이 런던 시가를 가득 메우고 있는 모습. 이날 최소 75만 명이 모인 것으로 추측된다. 런던에서 열린 항의 집회 중 가장 규모가 큰 시위였다.

의했다.

    블레어는 노동당 의원들에게 전쟁을 해야 하는 이유를 납득시켜, 투표에서 과반수의 찬성을 얻어 내기 위해 홀로 온 힘을 다했다. 반면 전통적으로 노동당의 적이었던 보수당은 전쟁 문제만큼은 블레어 편에 섰다.

블레어는 며칠 전 자택 2층의 작은 방에서 이슬람교에 관한 책들과 팝 가수 존 레논의 CD들을 잔뜩 뒤적여 가며 연설문의 틀을 대략 완성해 놓았다. 그리고 연설에서 가장 중요한 내용은 봉투 뒷면에 적어 놓았다.

전쟁에 관한 논쟁은 끔찍했던 2001년 9월 11일에 이미 시작되었다. 그날, 알 카에다(오사마 빈 라덴이 결성한 국제적인 테러 지원 조직) 테러범 열아홉 명이 여객기를 납치했다. 납치된 여객기는 뉴욕의 세계 무역 센터 건물과 수도 워싱턴의 국방부 건물로 돌진했고 결국 참혹한 테러로 이어졌다. 그 사건 때문에 역사상 유례없던 국제적인 갈등이 빚어졌다.

블레어는 자신의 주요 논점을 다음과 같이 요약했다.

- 이라크 대통령 사담 후세인은 과거에도 그랬고 현재에도 그렇듯이, 앞으로 다가올 미래에도 위협적인 존재이다. 토니 블레어와 빌 클린턴 전 미국 대통령은 수년간 이라크 군사 관련 목

표물을 공습함으로써 후세인의 행동을 통제해 왔다.
- 사담 후세인은 미국과 영국의 적이다.
- 미국의 국민은 부시 대통령을 따라 사담 후세인에 대항하는 전쟁에 참여할 준비가 되어 있다. 이 전쟁은 누가 뭐라고 하든지 이미 예정되어 있던 것이다.
- 영국과 그 외 유럽 국가들의 국민은 유엔이 전쟁에서 주요 역할을 맡지 않는다면 미국을 지지하지 않을 것이다.
- 마지막으로, 미국이 독자적으로 전쟁하는 것보다는 국제적인 지원을 하는 편이 낫다고 판단된다.

이러한 이유 때문에 논란이 그토록 커졌던 것이다. 그러나 두 대륙의 지도자인 부시와 블레어는 표면적으로는 목표가 같아 보였지만, 사실은 눈에 띄게 달랐다. 부시 행정부의 목적은 사담 후세인 정권을 이라크에서 몰아내는 것이었다. 반면 블레어의 목적은 군사력을 이용하여 세계적인 망을 구축함으로써 국제적인 협력을 이끌어 내는 것이었다. 즉, 군사력을 이용하는 것은 전쟁이 목적이 아니라, 개인이나 국가 모두에게 보다 나은

2003년 3월 영국군이 미군과 합류하여 이라크 공격을 개시한 가운데 42명의 기습부대와 영국 해병대가 쿠웨이트 해안에서 훈련을 하고 있다.

삶을 보장해 주기 위해 각 나라 간의 협력을 고무시키기 위함이었다. 토니 블레어 총리는 자신의 이러한 생각을 어떻게 해서든 의회의 하원과 미국 대통령에게 분명히 알려야 했다.

2003년 3월 18일, 블레어는 하원 의사당에서 야당인 보수당이 마주 보게 놓인 노동당석의 첫째 줄에 앉았다. 때는 오후 2시였다. 의사당 안은 만원이었고 모두들 흥분하여 감정이 격해 있었다. 토니 블레어는 역사적인 순간을 맞이할 준비를 마쳤다. 그가 몸을 일으킴과 동시에 여러 국가들의 운명이, 그리고 무고한 민간인들의 운명이 매우 위험한 처지에 놓이게 되었다.

Tony Blair

02 풍족했던 어린 시절

"부모님은 항상 이렇게 말씀하셨어요. '집안에서는 원한다면 멋대로 굴어도 좋아. 그렇지만 밖에서는 사람들이 우리를 자랑스럽게 여기게끔 행동해야 한다.'"

앤터니 찰스 린턴 블레어는 1953년 5월 6일 이른 아침에 스코틀랜드의 에든버러에서 태어났다. 레오와 헤이즐 블레어 부부의 둘째 아이였다.

레오 블레어는 양부모 밑에서 자랐는데, 양아버지 제임스

◀ 1956년에 찍은 블레어 가족의 모습. 왼쪽부터 어머니 헤이즐, 형 윌리엄, 토니, 아버지 레오이다.

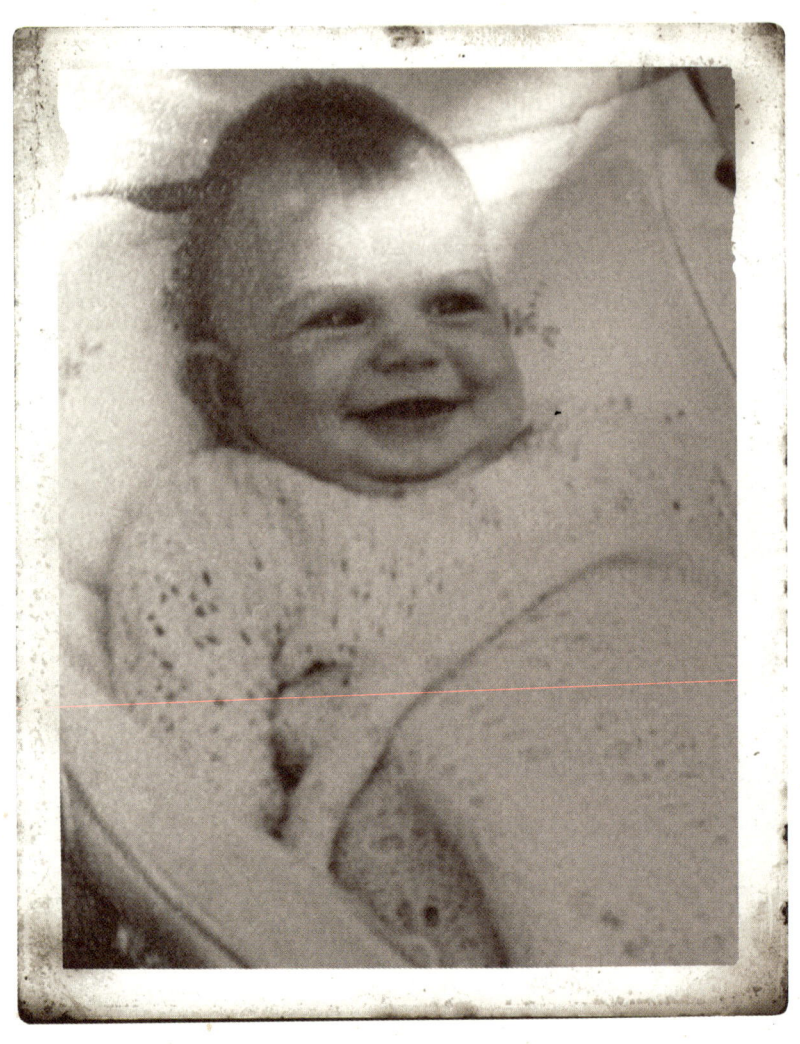

앤터니 찰스 린턴 블레어는 레오와 헤이즐 블레어 부부의 둘째 아이로 태어났다.

블레어는 선박 노동자였으며 양어머니 메리는 스코틀랜드 글래스고우의 노동자 계층 출신이었다. 레오의 친부모는 무명의 젊은 배우로, 그를 키울 만한 능력이 없었다.

레오 블레어는 1942년에 군에 입대한 후 승진을 거듭해 중위직까지 올랐다. 그리고 1948년에는 아일랜드 발리섀넌 출신의 헤이즐 코스카든과 결혼했다. 그 후 2년 후인 1950년에 장남 윌리엄이 태어났다.

토니가 태어난 시기에 아버지 레오는 세무 공무원으로 일했으며 밤에는 에든버러 대학교에서 법률을 공부했다. 얼마 지나지 않아 레오는 호주 애들레이드 대학교의 법학 강사직을 얻었고, 가족과 함께 지구 반 바퀴를 돌아 호주로 이사했다.

한 달 남짓 배를 타고 호주로 가는 동안 토니는 벌써부터 자신의 장기를 선보이기 시작했다. 그의 장기는 바로 기저귀를 차고 춤을 추는 것이었는데 승객들은 이를 보고 매우 즐거워했다. 레오 블레어는 당시 토니의 모습을 이렇게 기억한다. "기저귀가 발목까지 흘러 내려와야만 춤을 멈추곤 했답니다."

블레어 가족은 애들레이드에서 3년 6개월 정도 살았는데,

토니의 어머니 헤이즐과 아버지 레오.

이때가 그들에게는 더없이 행복했던 시절이었다. 블레어 가족의 셋째 아이 사라는 바로 이곳에서 태어났다.

1958년 1월, 블레어 가족은 영국으로 돌아왔다. 아버지 레오가 더럼 대학교 법학 강사로 일하게 된 것이다. 더럼 대학교는 런던에서 북서쪽으로 400여 킬로미터 떨어진 곳에 위치한, 유서 깊은 대성당의 도시, 더럼에 자리 잡고 있었다. 레오 블레어는 이 대학에서 강의하면서 동시에 더럼에서 가까운 뉴캐슬에 변호사 사무소를 개업했다.

레오가 영국으로 돌아오길 원했던 이유는, 바로 영국 의회의 보수당 의원 선거에 입후보하기 위해서였다. 윌리엄은 아버지 레오를 이렇게 기억한다. "우리 가족이 영국으로 돌아온 후부터 정치를 향한 아버지의 열정은 대단하셨어요. 대화술에 능하셨고 자신의 생각으로 사람들의 흥미를 끄는 재능이 있으셨죠." 반면에 토니의 어머니 헤이즐은 가족들이 함께 있기만 하면 더 이상 바랄 것이 없는 소박한 사람이었다. 어린 시절 토니는 매년 여름 가족과 함께 아일랜드의 외가에서 휴가를 보내곤 했다.

토니 블레어는 한 인터뷰에서 이렇게 이야기했다. "우리 가족은 부족한 것 없이 보통의 중산층 수준으로 생활했습니다." 사실 레오 블레어가 대학 교수로 받는 월급은 많은 편이었다. 변호사 사무실 역시 성황을 이루고 있어서 블레어 가족은 중산층보다 더 풍족하게 살았다.

1961년, 여덟 살이 된 토니는 형 윌리엄과 함께 코리스터 학교에 다녔다. 이곳은 사립학교로 더럼 대성당 부속학교였다. 학교에 입학한 지 얼마 되지 않아 토니는 곧 '블레어 2세'로 알려졌으며 워낙 총명해서 1학년을 건너뛰었다.

토니는 운동에 흥미가 있었으며 실제로 매우 잘했다. 특히 축구에 관심이 많았다. 후에는 크리켓 팀과 럭비 팀에서 선수로도 활약했고 졸업반 때에는 교내 최고의 럭비 선수로 유명해졌다.

토니는 책도 많이 읽었다. 1998년 4월 23일, 그는 세계 책의 날을 맞아 『타임』지와의 인터뷰에서 이렇게 말했다. "어렸을 때 저는 닥치는 대로 책을 읽었어요. C. S. 루이스의 《나니아 연대기》, 데니스 위틀리의 전쟁 이야기들과 로버트 루이스 스티븐슨의 《납치》와 같은 책들이었죠. 하지만 가장 재미있게 읽은 것은 톨킨의 《반지의 제왕》이었답니다."

코리스터 학교의 교장이었던 캐넌 존 그로브는 토니를 '장난꾸러기 같은 웃음'을 늘 잃지 않았던 아이라고 기억한다. 그러나 토니의 부모님은 예절에 엄격했으며 그와 형 빌(윌리엄을 친근하게 부르는 이름)은 예의범절이 바른 아이로 자랐다.

"부모님은 항상 이렇게 말씀하셨어요. '집안에서는 원한다면 멋대로 굴어도 좋아. 그렇지만 밖에서는 사람들이 우리를 자랑스럽게 여기게끔 행동해야 한다.' 다른 사람을 존중하고 친절해야 하며 노인들에게 자리를 양보하고 말투는 공손하게, 또 '감사합니다'라는 말을 잊지 말아야 한다고 말씀하셨죠. 학교에서 혼이 나면 집에 와서도 혼쭐이 났어요. 어머니는 선생님을 만나는 자리에서 저 때문에 선생님께 죄송하다는 말씀을 하셨죠."

레오 블레어의 교수직은 안정적이었고 법률 사무소는 날로 번창했다. 또 정치 일을 시작하기 위한 준비도 할 겸해서 더럼에서 그리 멀지 않은 외곽의 더 큰 새 집으로 이사했다. 블레어 가족은 당시 평범한 중산층이라면 꿈도 못 꾸었을 자동차를 타고 다녔다. 더럼에 정착한 지 6년 만인 1964년에, 레오 블레어는 그 지역의 보수당 지부장이 되었다.

행복했던 어린 시절의 끝

1964년 7월, 토니 블레어는 이 시기를 고비로 자신의 행복했던 어린 시절은 끝이 났다고 기억한다. "아이들은 나쁜 일이 생기면 금방 알아채지요. 7월 4일 아침, 어머니가 저를 깨웠어요. 어머니는 아무 말씀도 안 하셨지만 저는 이미 울고 있었어요. 그러자 어머니가 말씀하셨어요. '아버지가 몸이 많이 안 좋으셔. 간밤에 안 좋은 일이 벌어졌구나.' 저는 그 일이 무시무시하고 심각한 것임을 직감으로 알아챘어요."

이제 겨우 마흔 살이던 아버지가 밤새 극심한 마비에 시달렸던 것이다. 아버지는 말을 할 수 없었으며 반신불수 상태였다.

하루 종일 레오 블레어는 사경을 헤맸고 아내 헤이즐은 병원 침대맡에서 밤을 지새우며 남편을 간호했다. 늦은 오후가 되어서야 레오 블레어는 생과 사의 갈림길에서 겨우 빠져 나올 수 있었다. 그러나 그는 걸을 수 없었을 뿐 아니라, 말하는 능력도 완전히 상실했다.

가족들은 망연자실했다. 순조롭게만 진행되던 모든 일이 순식간에 물거품이 되어 버린 것이다. 토니는 이러한 경험을

열두 살의 토니(왼쪽)와 그의 형 빌.

통해 인생이란 모든 것이 잘 풀릴 때도 있지만 어느 순간 나빠질 수도 있음을 깨달았다. 또한 어머니가 아버지를 극진히 간호하는 모습을 보면서 가족을 향한 헌신과 사랑도 배울 수 있었다.

레오 블레어는 아내의 극진한 보살핌과 애정 어린 간호 덕분에 몇 달 만에 침대에서 일어나 걸을 수 있게 되었다. 그러나 남편이 다시 제대로 말을 할 수 있게 되기까지 헤이즐 블레어는 3년이나 더 인내하며 살아야 했다. 당시 첫째 윌리엄은 집을 떠나 페티스 기숙학교에 다니고 있었기 때문에 토니가 형 몫까지 떠맡아야 했다.

설상가상으로 블레어 가족에게 더 심각한 문제가 생겼다. 레오 블레어가 회복되어 가던 무렵, 당시 여덟 살이었던 사라가 소아 관절 류머티즘인 스틸병에 걸린 것이다.

토니는 나중에 이때의 일을 이렇게 회상했다. "제 동생은 이 년 동안 병원에 입원해 있었는데, 치료 방법이 다른 병과 많이 달랐어요. 온갖 약을 다 먹어야 했으니 그야말로 끔찍했지요. 어머니는 사라와 아버지를 동시에 보살피셨어요. 어머니는 정말 굳건한 바위 같으셨지요."

1966년 봄, 코리스터 학교는 모의 선거를 실시했다. 토니는 열두 살의 나이로 보수당 소속으로 입후보했다. 아버지의 정치 성향에 영향을 받았기 때문이었다. 그러나 선거 당일 토니는 몸이 아파 선거에 참여하지 못했다. 다른 아이가 토니의 빈자리를 메웠고 쉽게 선거에서 승리했다. 토니에게는 보수당원으로서 처음이자 마지막 선거 운동이었다.

Tony Blair

03 학창 시절과 로큰롤

"인생은 언젠가는 끝이 나기 때문에 만일 이루고 싶은 일이 있으면 당장 행동으로 옮겨야 한다는 사실을 깨달았습니다."

토니는 코리스터 학교를 졸업하고 나서 형을 따라 에든버러에 있는 페티스 학교에서 고등학교 교육을 받았다. 페티스 학교의 가장 유명한 졸업생이라면 영화 〈007 시리즈〉의 주인공인 비밀요원 제임스 본드가 있었다.

◀ 토니는 1972년 옥스퍼드 대학교 세인트 존스 칼리지에 입학했다.

토니를 비롯한 대부분의 신입생들은 페티스 학교의 가혹한 규율과 엄격한 전통에 숨이 막힐 지경이었다. 토니와 동급생인 닉 라이든은 당시의 입학식을 이렇게 기억한다.

"그때는 추운 10월이었는데 학교 건물들은 회색이었어요. 제 또래의 아이들이 이런 곳에 한 무더기로 수용된다는 것은 한마디로 충격이었어요. 그곳에서는 학생들이 대영 제국을 존속시키기 위해서 공부한다는 믿음을 갖고, 스스로 자부심을 갖도록 가르쳤죠. 상당한 수준의 적자생존이 지배하는 곳이었습니다."

페티스 학교에서 후배들을 책임지는 고학년 감독 학생은 회초리를 사용할 수 있었다. 모든 감독 학생들은 하급생을 자신의 몸종처럼 부렸다. 구두 닦는 것부터 시작해 아침에 토스트와 차를 갖다 주는 일까지 하급생은 감독 학생이 하라는 것은 무엇이든 해야만 했다.

머리 길이를 비롯해 코트의 단추 개수까지 모든 것에 규칙이 정해져 있었다. 장난꾸러기였던 토니는 1학년 때 회초리로 매를 맞은 적도 있다. 그가 이 학교를 싫어한 건 어쩌면 당연했다.

　새로 부임한 영어 선생님, 에릭 앤더슨은 다른 교사들에 비해 훨씬 생각이 개방적인 사람이었다. 토니는 그 선생님에게 금방 호감을 느꼈다. 앤더슨 선생님도 똑똑하고 잘 웃고 생기 넘치는 어린 블레어를 좋아했으며 나중에 이렇게 고백했다. "저희 두 사람 사이엔 전기가 통했죠."

　앤더슨 선생님은 토니가 2학년이 될 즈음 기숙사를 열 계획이었다. 그는 그곳을 학생들 간에 계급도 없고, 상급생의 시중을 들 필요도 없으며, 체벌이 거의 없는 곳으로 만들려고 했다. 토니는 그곳에 들어갈 날만을 눈이 빠지게 기다렸다. 마침내 기숙사가 문을 열었고, 토니는 가을 학기에는 좀더 나은 학교 생활을 할 수 있으리라는 행복한 기대를 품었다.

　2학년으로 올라가기 직전, 토니는 엉뚱한 일을 벌였다. 부모님과 함께 집에서 휴가를 보낸 토니는 부모님에게 작별 인사를 한 다음, 학교로 돌아가는 에든버러행 기차에 올랐다. 그러나 기차의 마지막 칸까지 가서는 무슨 일인지 기차에서 다시 내려, 뉴캐슬 공항행 기차에 올랐다. 비행기를 타고 바하마에 가기로 결심했던 것이다.

　토니는 운 좋게도 비행기에 올라탈 수는 있었으나 탑승권이 없다는 것이 바로 들통 났다. 부모님은 토니를 다시 학교로 보냈고, 부모님과 교장 선생님께 호된 꾸중을 들은 것은 두말 할 것도 없었다.

　토니는 말썽꾸러기였지만 성적은 우수했다. 특히 라틴어와 성서학에서 두각을 나타냈으며 토론회 멤버로도 활동했다. 또한 럭비, 크리켓, 농구 같은 운동도 잘했다. 당시 농구는 영국에서 그리 흔한 스포츠가 아니었다.

　토니는 짓궂은 장난과 반 친구들을 놀려 먹는 것으로도 유명했다. 그는 수시로 장난을 일삼았고, 복장은 단정치 못했으며 규율을 위반하는 등 계속 문제를 일으켰다. 같은 반 친구 한 명은 그때의 토니를 이렇게 기억한다. "토니의 넥타이는 항상 약간 느슨하게 매여 있었어요. 신발은 더러웠죠. 그리고 쉴 새 없이 질문을 해 댔어요. 한마디로 많은 사람들에게 귀찮은 존재였지요."

　앤더슨 선생님은 토니를 보자마자 그가 얼마나 말을 안

듣는 아이인지 금방 알아챘다. "토니는 방문을 노크하고 나서 씩 웃으며 얼굴을 내밀고는 15분 정도 저와 열띤 논쟁을 벌였어요. 전 어느새 그것에 익숙해졌죠. 토니는 학교의 규율 중 당장 고쳐야 한다고 생각하는 것들을 말했죠. 매우 활력이 넘쳤고, 가끔 사람을 미치게 할 정도로 꽤나 자신만만했고, 따지기 좋아하는 아이였어요. 규칙의 한계를 실험하는 데에 전문가였죠. 저는 언제나 토니에게 머리카락을 자르고 넥타이를 똑바로 매라고 잔소리를 했어요. 하지만 토니는 마치 전기가 흐르고 있는 전선처럼 활력이 넘쳤어요. 함께 있으면 유쾌해지는 아이였죠."

반항의 시기

1960년대는 음악, 정치를 비롯하여 삶의 모든 부분에서 반항, 좀더 심하게 말해 혁명의 분위기가 만연했던 시절이다. 이때에 미국이 베트남 전쟁(1954~1975)에 개입하는 것을 반대하는 학생들이 폭동을 일으켰고, 미국에서 인권 운동도 일어났다. 인간이 달에 처음으로 도달한 때도 바로 이 시기이다. 미국의 가수 밥 딜런이 노래한 것처럼 '변화하는 시기' 였다. 전통은 더 이상 의미가 없어 보였다.

토니는 다른 사람들처럼 시대의 흐름에 영향을 받았다. 그는 페티스 학교에서 학생들에게 필수적으로 가르치는 군사 훈련 대신에 대안 봉사를 하기로 했다. 대안 봉사란 2년 동안 에든버러 빈민가에서 가난하고 나이 든 사람들을 위해 봉사하는 것이었다.

그의 친구, 닉 라이든은 그때를 이렇게 기억한다. "세상이 엄청난 변화의 물결로 소용돌이칠 때 우리는 페티스 학교에 다니고 있었어요. 분명 어느 곳이든 원하면 갈 수 있었지만 한곳에 꼼짝 없이 갇혀 있는 것처럼 느껴졌죠. 학생들은 폭동을 일으키고, 음악도 변화하고 있었지만 우리는 페티스 학교에서 라틴어를 배우며 하루에 두 번씩 예배를 드리고 수요일 오후에는 군인놀이를 했던 거예요."

토니는 끓어오르는 열정을 풀기 위해 결국 그의 위치에서

▶ 토니는 페티스 학교에서 셰익스피어의 희곡 《율리우스 카이사르》의 마르쿠스 안토니우스 역을 연기했다.

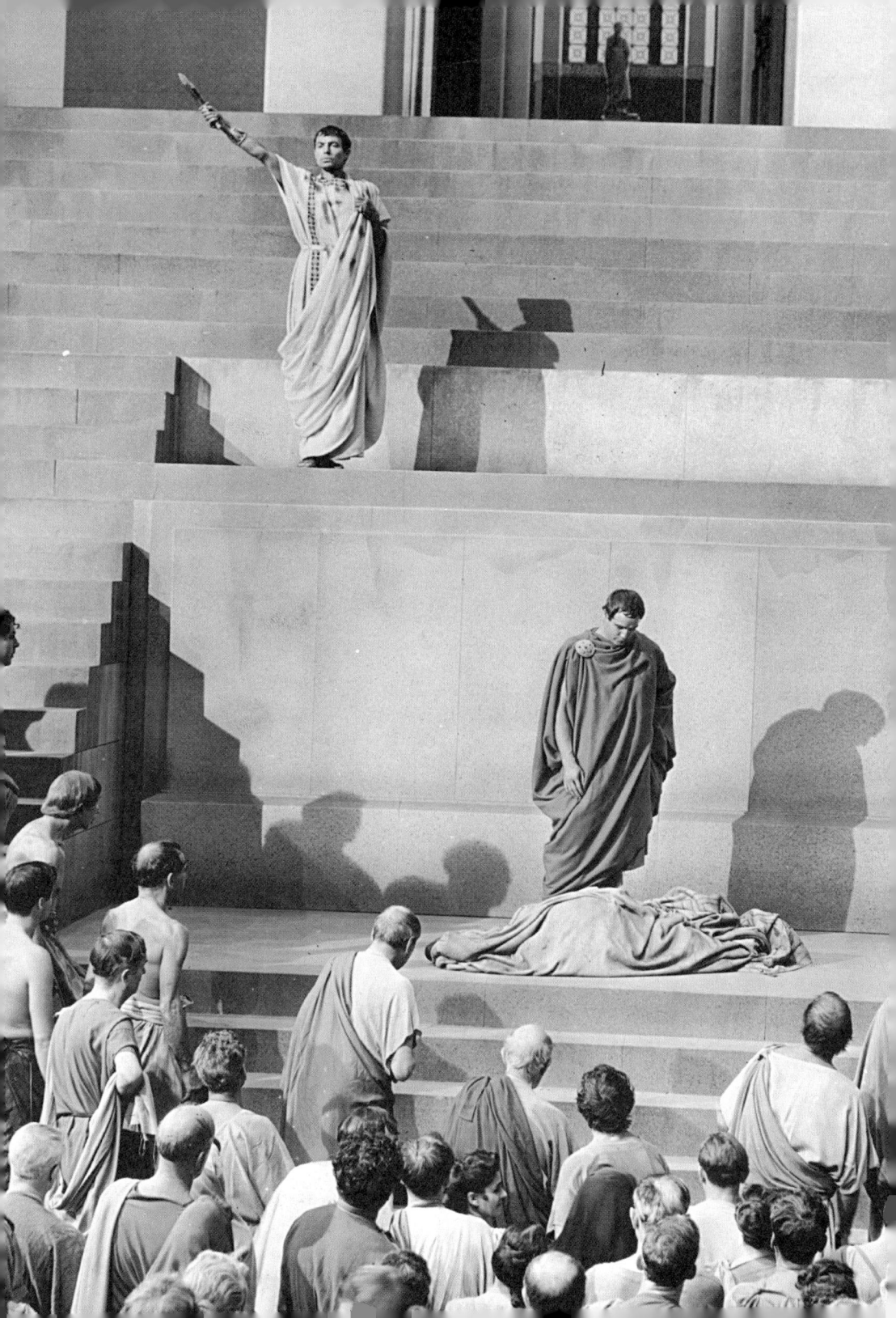

가장 적절한 분출구를 찾았다. 페티스 학교에서 셰익스피어의 희곡 《율리우스 카이사르》의 마르쿠스 안토니우스 역을 연기한 것이다. 토니와 친구 몇 명은 함께 극단을 만들어 해럴드 핀터나 톰 스토퍼드와 같은 영국의 신진 희곡 작가들의 작품을 무대에 올렸다.

"토니는 매우 예리하고 논쟁을 좋아하는 적극적인 아이였어요. 토니가 커서 정치인이 될 기미가 보였냐고요? 아뇨, 하지만 성공한 정치가라면 꼭 갖추어야 할 활동적이고 논쟁적인 면은 있었던 셈이죠. 토니는 진실하고 진정으로 다른 사람을 돌보는 사람이었지만 또한 연기자로서의 재능도 있었지요. 지루해서 못 봐주겠다는 사람 앞에서도 그는 흥미를 느끼는 것처럼 보였어요. 그의 속임수 중 하나지요."

토니는 총명함에도 불구하고 페티스 학교 졸업반 시절에 굴욕적인 사건을 겪게 된다. 그의 친구이자 은인이며 스승이었던 에릭 앤더슨이 그 해에 페티스 학교를 떠나게 되었다. 그를 대신해서 기숙사에 새로 부임한 사감 선생은 토니를 '지금까지 보아 온 학생 중에 가장 다루기 힘든 학생'이라고 평했다. 그리고 토니의 반항적인 행동과 학교 규율 위반을 들어 '베스트 식스' 벌점을 주었다. 베스트 식스는 회초리로 다스리는 가장 심한 잘못 여섯 가지를 말한다. 열일곱 살의 상급생이 회초리로 맞는다는 것은 아무리 엄격한 페티스 학교라고 해도 이례적인 일이었다. 토니는 마지막 학기를 이렇듯 힘들게 보내야 했다.

로큰롤로 보낸 한 해

토니는 형 윌리엄처럼 옥스퍼드에서 법학을 공부하고 싶었다. 하지만 옥스퍼드에 곧바로 입학하지 않고 일 년을 쉬기로 했다. 이 기간에 런던에 가서 대중 음악으로 성공하리라 마음먹었다.

토니는 로큰롤 밴드 프로모션 매니서 일을 하려던 친구 앨런 콜넷의 집으로 찾아갔다. 밴드는 대부분 대학에 들어가기 전이나 사회에 진출하기 전에 재미있는 일을 경험해 보기 위해 모인 남학생들로 구성되어 있었다. 앨런은 당시의 토니를 이렇게 기억한다. "토니가 갖고 있는 물건 중에는 집에서 만든 파란색 기타가 있었는데 토니는 그것을 '클래런스'(남자 이름)라고 불렀어요. 빠른 리프(반복 음절)를 연주할 때면 기타의 목 부분 전체가 몸체에서 떨어져 나갔죠. 또 싸구려 갈색 가방에는 갈아입을 옷 한 벌이 달랑 들어 있었어요."

앨런과 토니는 함께 차세대 롤링 스톤스나 레드 제플린을 발굴해 내고자 했다. 토니는 추진력을 발휘했으며 언제나 낙관적인 자세로 일했다. 그들은 밴드를 모았고, 토니는 청소년 사교 클럽이 있는 교회를 찾아내 밴드를 홍보했다.

앨런과 토니는 파란색 고물 차 한 대를 사서 밴드들이 런던 외곽 지역으로 이동할 때 타고 다녔다. 어느 날 밤, 토니는 전속력으로 차를 몰고 있었다. 빠르게 모퉁이를 미끄러져 가던 차는 그만 속력을 조절하지 못해 길가에 세워둔 새 차, 그것도 값비싼 재규어(대형 고급 승용차 이름)의 옆구리를 치고 지나가게 되었다. 차 안에 타고 있던 사람들은 모두 그냥 가자고 했다. 차 주인은 결코 누가 차를 망가뜨렸는지 알 턱이 없을 거라면서……. 그러나 토니는 차를 한쪽으로 세우고 쪽지에 전화 번호와 함께 차가 손상된 부분은 반드시 배상해 주겠다는 약속과 죄송하다는 말을 적어 남겨 두었다. 결국 밴드 멤버들이 다같

토니는 대중음악으로 성공하리라 마음먹고 차세대 롤링 스톤스를 발굴해 내려고 했다. 사진은 롤링 스톤스.

이 차의 수리 비용을 분담했다.

　토니는 결코 훌륭한 로큰롤 가수도, 훌륭한 매니저도 아니었지만 옷은 꼭 그런 사람처럼 입고 다녔다. 언제나 롤링 스톤스의 리드 싱어 믹 재거처럼 꾸미고 다녔는데, 머리는 어깨

아래까지 길었고, 흰색의 레이스가 달린 딱 붙는 나팔 바지 위에 줄무늬 블레이저 재킷을 입고, 커다란 갈색 밍크 코트를 걸쳤다.

토니와 앨런의 로큰롤 프로모션 사업은 토니의 열아홉 번째 생일인 1972년 5월 6일에 종지부를 찍었다. 그날 밤 이들은 매우 큰 홀에서 여러 밴드들과 합동 콘서트를 열었다. 그러나 아무도 오지 않았다. 다음날 밤은 전날보다 약간 더 왔을 뿐이었고, 결국 그들의 사업은 그렇게 끝났다.

사업이 실패한 건 사실이었지만 그래도 재미는 있었다. 한 친구는 토니에 대해 이렇게 말했다. "토니의 지독한 열정은 사업이 실패로 끝난 순간에도 굉장했어요. 의지가 매우 강했고 제가 아는 어느 누구보다도 열심히 일하는 사람이었죠."

세인트 존스 칼리지

마침내 토니는 1972년 초여름에 옥스퍼드 대학교 세인트 존스 칼리지(학생들이 공동 숙박하면서 학습이나 연구를 하던 교육 시설)에 입학했다. 친구들은 토니가 이전보다 진지해졌다고 생각했지만 여전히 못 말리는 반항아였다.

토니는 지금까지 정치나 종교에 특별히 관심을 보인 적이 없었지만 대학교에 들어오자마자 갑자기 달라졌다. 그로부터 여러 해가 지나고 나서 토니 블레어는 이렇게 말했다. "저의 기독교적인 신앙과 정치적인 견해는 동시에 생겼어요."

옥스퍼드 대학에서 보낸 첫 해에 블레어는 그의 인생에 가장 큰 영향을 미친 사람, 피터 톰슨을 만났다. 그는 사람을 휘어잡는 능력이 있는 서른여섯 살의 호주 출신 학생이었다. 자칭 '영국 국교회(성공회)를 배반한 성직자'였던 그는 신학 학위를 취득하려 공부하던 중이었다. 그와 함께 토니를 비롯한 몇몇 학생들은 인생과 정치에 관해 밤을 지새워 토론했다. 토니는 사회 정의와 경제 정의, 사회적 책임에 관한 개념에 자극을 받았으며, 이러한 토론을 통해 변화를 만들어 가는 것이 얼마나 중요한지 깨닫게 되었다.

톰슨은 토니와 다른 친구들에게 존 맥머레이의 철학과 '공동체' 개념을 소개해 주었다. 스코틀랜드에서 태어난 맥머레이는 1930년대에 BBC 방송사에서 활동했던 저명한 교사 겸 철학가였다. 그는 개인이 전체 지역 사회에 도움이 되는 일을 함으로써 지역 사회의 각 개인뿐 아니라 스스로에게도 도움이 될 수 있다고 주장했다. 이러한 사상이 토니의 인생철학과 정치철학에서 핵심이 되었다. 여러 해가 흐른 뒤 노동당 당수로 선출되었을 때 그는 "저라는 사람이 어떤 인간인지 정말로 궁금하시다면 먼저 존 맥머레이에 대해 알아보십시오. 거기에 모든 해답이 있습니다."라고 말했다.

토니가 2학년을 마칠 즈음, 톰슨은 호주로 돌아갔지만 젊은 토니에게 결코 지워지지 않는 흔적을 남겨 놓았다. 토니는 후에 이렇게 말했다. "저는 언제나 신을 믿었어요. 하지만 피터는 저의 믿음을 더욱 의미 있게, 그리고 교리적이기보다는 실제적으로 만들어 주었어요. 종교는 더 이상 신과의 개인적인 관계만은 아니었어요. 저는 종교를 더욱 사회적인 측면에서 바라볼 수 있게 되었지요."

2학년 말 영국 국교회에 대한 토니의 신앙은 굳건해졌다. 대부분의 친구들은 이런 변화를 눈치 채지 못했지만, 이를 알고 있던 친구는 당시에 그가 목사가 되는 것을 고려했다고 기억한다. 정치와 종교에 대한 그의 흥미는 날이 갈수록 진지해졌지만, 그의 장난기와 연극 활동, 로큰롤 연주는 여전히 계속되었다.

비슷한 시기에 옥스퍼드 대학의 '어글리 루머'(이 이름은 전설적인 록밴드 '그레이트풀 데드'의 앨범 제목에서 따온 것이다)라는 밴드에서 리드 싱어를 구하고 있었다. 밴드의 베이스 연주자였던 마크 엘런은 당시 상황을 이렇게 기억한다. "저는 이 밴드에 친구들 몇 명과 함께 들어갔는데, 저희 모두 간판 리더 없이는 아무것도 할 수 없다는 걸 알았어요." 멤버 중 누군가가 세인트 존스 칼리지에서 열린 뮤지컬 코미디극에서 토니를 보고, 어글리 루머 밴드에 들어올 생각이 없느냐고 물어 왔다. "그거 멋진데. 너흰 어떤 곡 연주해?" 토니가 물었다.

토니는 연주할 준비를 모두 마치고 밴드 앞에 나타났다. 마크 엘런은 그 모습을 이렇게 회상한다. "토니는 전혀 거만하거나 으스대지 않으면서도 굉장한 자신감이 있었어요. 야망이 있었고 매력도 만점이었어요. 근데 리허설까지 해 보이겠다고 그러는 거예요. 그리고는 저한테 이러더라고요. '잘하지도 못 할 거면 뭐 하려고 해?"

그들의 첫 번째 공연은 우스꽝스런 코미디에 가까웠다. 토니는 박자에 맞추어 믹 재거를 똑같이 흉내 내며 무대 위에서 방방 뛰었다. 잘라낸 티셔츠와 보라색 나팔 바지를 입고 손가락을 흔들며 춤추는 모습도 똑같았다.

그러나 세 번째 곡을 부르던 도중에 갑자기 굉음이 울리며 드럼이 쓰러졌고 노래는 드문드문 끊겼다. 멤버들은 드럼을 일으켜 다시 제자리에 배치했다. 그동안 토니는 박자를 놓치지도 않으면서, 마치 진짜 가수처럼 익숙하게 마이크를 잡고는 계속 노래를 불렀다. 관객들은 매우 즐거워했다.

"토니는 반주도 없이 노래를 모두 불렀고 우리는 깜짝 놀랐어요. 정말 재미있고 매력적인 무대였죠. 토니가 노래할 때 뒤에 서서 베이스 기타를 연주하던 게 생각나네요. 전 토니를 바라보면서 이렇게 생각했죠. '평범하고 어리기만 한 리드 싱어는 아닌 걸. 저 녀석은 앞으로 어떻게 될까?' 라고 말이에요."

토니는 밴드에서 활동하면서도 공부를 게을리 하지 않았다. 그러나 옥스퍼드 대학에서 마지막 시험을 치를 시기에 어머니가 몸져눕게 되었다. 토니의 어머니는 이미 5년 전에 암 선고를 받은 상태였으며 병세가 점점 악화되고 있었다.

토니가 학교를 졸업한 지 2주 후에 어머니 헤이즐 블레어는 쉰두 살의 나이로 세상을 떠났다. 그의 어머니는 언제나 가족에게 진정한 힘이 되어 주었다. 헤이즐 블레어가 사망했을 때 블레어 가족과 함께 했던 피터 톰슨은 이렇게 말했다. "토니의 어머니는 토니를 애지중지 키우셨고 토니 역시 어머니를 떠받들었죠. 그분은 도덕심이 매우 깊은 분이었어요. 제 생각에 토니는 어머니가 바라던 사람으로 자라난 것 같아요."

"인생은 언젠가는 끝이 나기 때문에 만일 이루고 싶은 일이 있으면 당장 행동으로 옮겨야 한다는 사실을 깨달았습니다. 그 후 제 인생은 긴박해졌고 한 번도 긴박감에서 벗어나 본 적이 없습니다." 토니는 어머니가 돌아가셨을 때 이렇게 깨달았다고 나중에 말했다.

Tony Blair

04 | 법과 정치

"저는 토니를 만나자마자, 제가 아니라 그가 진정한 후보감이라고 생각했습니다. 저보다는 토니가 당을 이끌어 나갈 추진력이 있었고 당을 개혁시킬 수 있는 사람이었으니까요."

| 정치가, 존 버튼

영국의 법대 졸업생들은 변호사 개업을 하기 전에 먼저 법률 사무소에서 인턴으로 일을 한다. 인턴으로 근무하면서 그들은 변호사 시험을 준비한다. 그 시험은 법인 변호사로 활동하기 위해 반드시 치러야 하는 시험이다.

◀ 토니 블레어와 체리 부스는 함께 일을 하면서 우정을 쌓아 나갔고, 마침내 1980년 결혼에 이르렀다. 사진은 1995년 모습.

런던으로 간 블레어는 영향력 있는 변호사 알렉산더 어빈의 법률 사무소에 직업 실습생으로 지원했다. 어빈은 이미 체리 부스라는 젊고 똑똑한 여학생을 실습생으로 채용해 놓은 상태였다. 체리는 명망 있는 런던 정치·경제 대학을 최우수 성적으로 졸업하고 곧바로 이곳에 온 것이었다. 어빈은 체리가 토니보다 더 똑똑하다고 평가했지만 토니의 열정과 사람을 끄는 매력 때문에 그에게도 기회를 주었다.

부스가 변호사 시험에서 1등을 차지했고 블레어는 3등에 머물렀다. 둘 중 누가 더 능력 있는지를 놓고 고민하던 어빈은 시험 성적을 통해 확실한 답을 얻었다. 그러나 블레어는 결과에 그다지 신경 쓰는 것 같지 않았다. 곧 블레어는 파리의 한 호텔 술집에서 일하기 위해 프랑스로 떠났다. 여름이 끝나 갈 무렵에는 자전거로 프랑스를 여행했다.

그가 다시 런던으로 돌아왔을 때, 동료 체리 부스는 어빈의 사무실에서 이미 열심히 일하고 있었다. 함께 일을 하면서 부스와 블레어는 우정을 쌓아 나갔다. 블레어는 그 당시를 이렇게 회상한다. "직업 실습 과정을 시작했을 때 처음엔 꽤나 진땀을 뺐지요. 그때 옆에서 체리가 많은 걸 도와줬습니다."

얼마 지나지 않아 블레어와 부스는 데이트를 시작했다. 두 사람 모두 두뇌가 명석했고, 야망이 있고 젊었으며, 변호사로서 성공을 눈앞에 두고 있었다. 그리고 두 사람은 사랑에 빠졌다.

체리 부스와 토니 블레어는 서로 자라온 환경이 너무 달랐다. 블레어는 정서적으로나 경제적으로 안정적인 환경에서 자랐다. 반면 부스는 어려운 환경 속에서 자랐다. 체리의 아버지는 체리가 아홉 살 때 가족을 버리고 집을 나갔다. 그러나 체리는 지역 수녀원 학교에 다니면서 학업 수준이 또래 아이들보다 1년이나 빠를 만큼 두각을 나타냈다. 그녀는 끈기를 가지고 열심히 노력했고 장학금을 받으며 학교를 다닐 수 있었다.

체리는 열여섯 살 때 사회당에 입당했다. "저는 영국 최초의 여성 총리가 되고 싶습니다." 아직 십대 소녀였던 체리는 사람들 앞에서 당차게 말했다. 사실, 부스와 블레어가 본격적으로 사귀기 시작했을 때 대부분의 친구들은 부스야말로 뛰어난 정치인이 될 것이며 블레어는 변호사로 성공할 거라고 생각했다.

영국의 정부 조직

영국의 정부 형태는 의회 민주주의제이다. 정부는 입법부에 의해 운영되고 헌법에 기초한 군주(왕 또는 여왕)가 국가를 책임지며, 군주는 미국의 대통령과도 유사한 점이 많다. (현재 군주는 엘리자베스 2세이다. 장남은 찰스이며 여왕 사후에 왕위를 계승한다. 찰스 황태자와 다이애나 왕세자비 사이에 윌리엄과 해리, 두 왕자가 있다.)

영국의 입법부인 국회는 하원과 상원, 왕 내지는 여왕으로 이루어져 있다. 하원은 선거를 통해 선출된 651명의 국회의원들로 구성되며 이들은 지역 선거구를 대표한다. 상원은 1,185명의 귀족으로 구성되며 대부분은 세습 귀족이다. 영국 국교회의 대주교 2명과 가장 나이가 많은 주교 24명도 포함된다.

국회에서의 실권은 하원이 쥐고 있다. 국회의원을 선출하는 총선거는 최소한 5년에 한 번씩 실시된다. 정부는 하원 의석의 대다수를 차지하는 당으로 구성된다. 그 당의 당수를 여왕이 총리로 임명한다. 정부의 지도자로서 총리는 100여 명의 장관을 임명한다. 대략 20명의 장관들이 내각을 구성하며 수석 고문관들이 총리에게 자문을 한다. 두 번째로 의석수가 많은 당이 야당을 구성한다. 야당은 정부가 세우는 정책의 정당성을 판단하고 대안 프로그램을 제시할 의무가 있다.

하원은 불신임 결정을 통과시키는 방식으로 여당이 형성한 정부를 사임시킬 수 있다. 정부는 또한 정책에 기본적인 안건을 하원에서 통과시키지 않고 거부할 때도 사임해야 한다. 이러한 경우 선거가 다시 실시된다.

1979년, 마가렛 대처가 영국의 첫 여성 총리가 되었을 때, 블레어와 부스가 사귄 지도 수 년째로 접어들고 있었다. 블레어는 그해 여름 이탈리아의 투스카니 지방에서 휴가를 보내면서 부스에게 청혼을 했다.

1980년 3월 29일, 토니 블레어와 체리 부스는 옥스퍼드 세인트 존스 칼리지에 있는 예배당에서 결혼식을 올렸다. 어빈은 블레어에게 고용주와 노조원을 대상으로 하는 고용법 전문 변호사로 평생 일할 수 있게 지원하겠다고 제안했다. 블레어가 매우 유능한 변호사였기 때문이다. 어빈은 블레어를 이렇게 평했다. "그는 문제의 핵심을 찌르는 데 뛰어났습니다. 서류 작업을 할 때는 총알처럼 빨랐고 언변도 탁월했지요."

부스와 블레어는 노동당의 지역부에 소속되었다. 이때부터 블레어의 막연한 욕망이 강한 신념으로 자라나기 시작했다. 그는 정치에 입문해서 하원의원 후보가 되기를 원했다. 블레어 부부는 누구든 먼저 국회의원이 되는 사람을 위해 나머지 한 사람이 전적으로 지원해 줄 것을 약속했다.

국회의원 선거 출마

1982년 2월, 런던 북부의 한 마을인 비콘스필드 출신의 보수당 의원이 사망하자 토니 블레어는 의원에 출마할 기회를 얻었다. 블레어는 자신의 의사를 조리 있게 표명했다. 블레어는 활력이 넘쳤고 잘생기기까지 해서 사람들에게 호감을 주었다. 하지만 영국 국회에 의석이 하나 비어 있다면 십중팔구는 보수당 후보가 그 자리를 차지할 것이었다. 또한 그 사람은 비콘스필드 출신의 사람일 게 분명했다.

따라서 블레어가 내세운 대의는 애초에 가망이 없었다. 결국 블레어는 큰 표 차로 낙선했다. 하지만 젊은 블레어는 노동

블레어는 1982년 처음으로 의원 선거에 나섰지만 결국 떨어졌다.

당 당수의 주목을 끄는 데 성공했다. 선거 당일 밤에 TV 뉴스에 출연한 노동당 리더 중 한 사람은 이렇게 말했다. "우리 당은 영국 정계에서 블레어의 미래가 매우 밝다고 생각합니다."

블레어는 그 후 계속 알렉산더 어빈의 법률 사무소에서 일했다. 한편으로는 런던에서 발행되는 신문들에 정치 관련 기사를 쓰면서 의원 선거에 출마할 또 다른 기회를 노리고 있었다. 1983년 3월, 블레어의 고향 더럼에서 가까운 세지필드 지역에서 선거가 이루어졌다. 이곳은 확실하게 노동당을 지지하는 지역이었으며 광산 노동자들과 그 외 노동자 계층 사람들의 고향이기도 했다. 이번 선거에서 노동당 대표로 선출되기만 하면 누구든지 선거에서 승리할 수 있을 터였다. 그만큼 노동당의 승리가 보장된 지역이었다.

블레어에게 희망이 솟아오르기 시작했다. 블레어의 서른 번째 생일 며칠 후인 5월 9일, 대처 총리는 총선거가 1983년 6월 9일, 정확히 한 달 후에 열릴 것이라고 공표했다.

출마 재도전

블레어는 트림돈 빌리지에서 아직 후보를 선출하지 않았다는 사실을 알고, 대처 총리가 총선거 일자를 공표한 지 이틀 뒤에 노동당 세지필드 지구의 트림돈 빌리지 지구당 위원장 존 버튼에게 전화했다. 각 지구마다 한 명의 후보를 선출할 수 있었다.

　블레어가 트림돈 지구 사람들을 만나 볼 수 있겠느냐고 부탁하자, 버튼은 그날 저녁에 있을 지구 당원들의 비공식 모임에 블레어를 초대했다. 첫 번째 의제는 TV에서 중계되는 축구 시합이었다. 시합은 연장전까지 갔다. 결국 블레어는 모임에 도착한 지 몇 시간이 지나서야 사람들과 이야기할 수 있었다. 블레어는 노동당의 기반을 넓히기 위한 자신의 생각을 말했다. 또한, 노동당의 유럽 정책에 동의하지 않는다고 주장했다. 노동당은 영국이 유럽 경제 공동체(현재는 유럽연합으로 명칭이 바뀐 기구로, 유럽 나라들의 정치, 경제적인 통합을 추진한다)에 가입하는 것을 반대했다. 그러나 블레어는 영국이 유럽에서 더욱 큰 역할을 맡아야 하며, 앞으로 영국의 미래는 유럽 국가들과의 협력에 달려 있다고 생각했다.

　버튼 역시 자신이 후보로 선출되기를 바랐다. 그러나 나중에 그는 이렇게 말했다. "저는 토니를 만나자마자, 제가 아니라 그가 진정한 후보감이라고 생각했습니다. 저보다는 토니가 당을 이끌어 나갈 추진력이 있었고 당을 개혁시킬 수 있는 사람이었으니까요."

블레어는 그날 밤 트림돈 빌리지 지구당 사람들의 지지를 얻을 수 있었고 그때 블레어를 지지한 사람들은 그 후 '유명한 다섯 사람'으로 알려졌다. 블레어가 정계에서 뜻을 세울 수 있도록 도와준 다섯 명의 사람들이었기 때문이다. 그들 다섯 명이 지지 의사를 드러낸 것은 결정적이었지만 후보 선출을 위한 첫 단계에 불과했다.

세지필드 지구에서 마침내 토니를 후보자로 선정했을 때 선거 운동은 이미 시작되고 있었다. 아직 무명이었던 블레어는 총선거를 불과 몇 주 앞두고 이제 막 입후보한 것이다.

1983년의 총선거는 노동당의 참패로 막을 내렸다. 그들의 득표율은 겨우 28퍼센트였고 1940년 이래로 의석수를 가장 많이 잃었다. 그러나 세지필드 지구에서는 노동당 후보가 승리했다. 그것도 8,000표라는 큰 표 차를 보이면서 말이다. 앤토니 찰스 린턴 블레어가 서른 살의 나이로 노동당의 최연소 하원의원이 된 것이다.

개혁의 씨뿌리기

　새로 선출된 세지필드 지구 대표 의원 블레어는 선거 운동을 하면서 보수당 당수이자 총리인 대처의 인기를 실감했다. 대처가 1979년 총리에 선출된 이래로 사람들은 노동당의 정책을 불신했다. 블레어는 대처가 왜 그렇게 유명한지 그 이유를 알고 있었다. 어렸을 적 보수당을 지지하셨던 아버지가 하신 말씀을 그는 기억하고 있었다. "노동당은 우리를 막고 있어. 우리가 성공하는 것을 바라지도 않아. 잘 되길 바라지도 않지." 반면 보수당의 대처 총리는 온 국민이 바라는 더 나은 삶을 지지해 준다고 사람들은 믿고 있었다.

　노동당은 1983년 선거에서 유럽 경제 공동체 탈퇴와 일방적인 핵무기 축소와 같이 극좌파적인 정책들을 내세웠다. 블레어는 이 두 가지 정책 모두에 반대했다. 블레어는 자신과 노동당의 미래를 위해서는 정당의 철학, 정책 그리고 유권자들에게 그것을 제안하는 방법을 변화시켜야 한다고 생각했다. 블레어는 노동당이 국민 개개인을 위해, 거대한 정부가 아닌 유능한 정부를 세우기 위해, 세금만 더 거두는 것이 아닌 현명한 경제

마가렛 대처(사진)는 영국 보수당 당수였다. 1979년부터 1990년까지 총리를 역임했으며 150여 년 만에 처음으로 가장 오랜 기간 재임한 총리였다.

정책을 세우기 위해 일하는 당으로 비춰져야 한다는 것을 알고 있었다. 그는 국회의원이자 노동당원으로서 이 점을 목표로 삼았다.

블레어와 브라운의 만남

1983년 6월, 새로 당선된 국회의원 토니 블레어는 영국 정부 건물들이 모여 있는 런던의 웨스트민스터로 사무실을 옮겼다. 그는 새로 당선된 또 다른 노동당 의원 고든 브라운과 사무실을 함께 쓰게 되었다. 그들은 금방 서로 같은 편이 되었고 어떻게 정당을 변화시킬지 그 방법을 놓고 자주 토론했다. 그렇게 두 명의 새 국회의원은 백여 년에 걸친 전통, 역사, 구시대 정치인들과 맞섰다.

그러나 두 사람은 서로 상반되는 타입이었다. 블레어보다 두 살 위인 브라운은 블레어와 같은 스코틀랜드 출신이었지만 블레어와는 다른 계층(사회 계층은 영국인에게 중요하다)에서 자랐다. 토니는 중산층이었으며 사립학교에서 공부했지만 브라운은 학비가 무료인 공립학교를 다녔다.

고든 브라운(사진)은 1983년 국회의원에 당선되기 전까지 대학의 학장이자 교수로 있었다. 사진은 1997년 모습.

또한 블레어는 정치계에서 아직 풋내기에 불과했으며 노동당에 입당한 지도 얼마 되지 않았다. 그는 지금의 안정적인 자리까지 그저 운 좋게 올라온 듯했다. 반면 브라운은 십대 시절부터 입당했으며 힘겨운 과정을 거쳐 비로소 이 자리에 올라왔다. 그에게 있어 국회의원 당선은 평생에 걸쳐 열심히 노력해 온 결과였다.

두 사람은 외모와 행동에 있어서도 매우 달랐다. 블레어는 큰 키에 살결은 희고 금발이었으며 잘생긴 얼굴에 언제나 편안한 미소를 지었다. 반면 브라운은 땅딸막했고 마치 이전에 그가 몸담았던 럭비 구단의 선수들처럼 피부 빛이 어두웠으며, 감정적인 데다 인상을 잘 쓰는 거친 성격의 사람이었다.

두 사람은 모두 열심히 일했다. 블레어는 확고하고 집중력 있게 일에 전념했다. 그러나 아무도 브라운을 따라오지는 못했다. 브라운은 밤낮을 가리지 않고 일했으며 집에서든 일터에서든 어디서나 일에 대한 생각뿐이었다.

'브라운과 블레어'라고 알려진 두 사람은 완벽한 팀을 이루었는데, 그건 아마도 이렇게 서로 다른 점들 때문이었던 것 같다. 블레어가 부드러운 태도와 미소로 자신의 생각과 견해를 드러내는 데 탁월했다면 브라운은 정부가 어떻게 돌아가는지, 그리고 어떻게 대처해야 하는지를 알고 있었다. 브라운은 정부

내에서 권력의 실세가 누구인지, 정치라는 게임을 어떻게 하는 것인지 블레어에게 가르쳐 주었다. 브라운이 보기에 블레어는 배우는 속도가 빨랐으며, 매우 예리했다. 또한, 블레어가 문제의 핵심을 찌르면서 강하고 설득력 있게 논의를 이끌어 내는 것을 보고 브라운은 깊은 인상을 받았다. 짧은 시간 안에 두 사람은 제2차 세계대전(1939~1945) 이래로 가장 강력한 동맹 관계를, 동등한 파트너로서 이루어 냈다.

하원 의사당에서 뜨거운 논쟁을 벌일 때 블레어는 민첩했고 두뇌 회전과 언변에 뛰어났다. 그는 브라운보다 영향력은 덜했지만 최소한 적은 만들지 않았다. 이러한 점은 대망을 품고 있는 정치가에게는 엄청난 자산이었다.

그러나 여전히 블레어는 주변에서 맴돌았다. 대다수의 노동당원들과는 달리 그는 사립학교를 나왔으며 정치에 미친 듯이 열중하지도 않았다. 일을 끝마친 후에는 클럽이나 선술집에서 사람들과 친분을 유지하는 것보다 집에 가서 아내나 아이들하고 함께 지내는 것을 더 좋아했다. 청바지에 셔츠를 입고 기타를 튕기는 블레어의 모습은 아주 평범해 보였다.

블레어는 대중 매체에 잘 어울리는 사람이었다. 언제나 활기가 넘쳤고 타고난 연기 재주 덕분에 그는 TV, 라디오, 신문에 걸맞았다. 얼마 후 그에게는 인터뷰 요청이 밀려들었고 노동당뿐 아니라 언론에서도 폭넓게 주목을 받았다. 블레어는 노동당 의원들 중에 사상 최초로 대중 매체에 얼굴을 내민 의원이었다. 이전까지 노동당은 대중 매체가 보수당을 위해 일한다면서 언론을 믿지 못해 왔다.

재야 내각

영국의 정치 제도에서 내각(정부의 최고위 고문관들)의 모든 구성원들은 제1 야당으로 구성된 상대편(재야 내각 또는 야당 내각)을 갖는다. 블레어는 재야 내각과 산업부 장관 대변인으로 승진했다.

처음 3년간 브라운과 블레어는 당의 현대화를 추진하는 데 몰두했다. 그들은 새로운 노동당의 청사진에 대해 연설하고 기사를 쓰기도 했다. 또한 대처 행정부를 신랄하게 비판하기도 했다.

1985년, 노동당 당수였던 닐 킨녹은 텔레비전 프로듀서 피터 맨델슨을 정당의 보도 담당자로 고용했다. 맨델슨은 브라운과 블레어의 프로젝트에 동참했다. 그는 브라운과 블레어가 텔레비전과 신문을 통해 자신들의 메시지를 전달할 수 있도록 도와주었다.

    1987년에 치러진 총선거를 보면 맨델슨, 브라운, 블레어, 이 세 사람 덕분에 노동당의 이미지가 신선해졌음을 알 수 있다. 그러나 정당 전체를 놓고 보면 1983년과 똑같이 국방과 경제 문제에 있어 모두 이전과 다름없는 기본 태도를 고수하면서 친숙한 사람과 익숙한 생각에 머물러 있었다. 보수당이 하원 선거에서 압승을 거둔 것도 어쩌면 당연했다. 마가렛 대처 총리가 내놓은 정책을 국민들은 열렬히 환영했고 이런 상황에서 노동당이 승리하기는 힘들어 보였다.

    그렇지만 노동당의 쓰라린 패배 후에도 희망의 기미는 보였다. 결과가 1983년만큼 형편없지는 않은 데다가 새로운 노동당의 혁명을 주도하는 핵심 인물들이 모두 제자리에 포진하고 있었기 때문이다. 총선거 이후에 브라운은 재야 내각에서 수석 비서관으로 선임되었고 블레어는 무역 및 산업부 차관을 맡았다. 누구보다 열심히 일한 결과 노동당의 지지를 얻은 셈이었다. 그는 이제 단순한 내부인이 아니었다. 블레어는 영향력 있는 『런던 타임즈』에 거의 정기적으로 칼럼을 게재했다. 이로써 블레어는 대중에게 자신의 이름과 정치적 견해를 알릴 수 있었다.

1988년 11월, 블레어는 재야 내각의 에너지 부서 차관에 임명되었다. 그로부터 1년 뒤인 1989년 10월에 그는 인사부 차관이 되었다. 블레어가 노동당에서 무난히 승진을 거듭하고 있는 동안 마가렛 대처는 권력에서 멀어지고 있었다.

보수당 집권기에 일어난 경제 붐은 1980년대 말에 접어들어 바닥으로 곤두박질치고 있었다. 금리는 폭등했고 실업률은 증가했으며 경제는 침체되었다. 대처가 새로운 세금 제도에 대한 안을 내놓자, 잉글랜드와 웨일즈에서 거센 항의가 일어났고 백만 명의 사람들이 런던 시가를 행진하며 시위를 벌였다.

보수당은 선거에서 패배할 날이 임박했음을 감지했고 결코 무너질 것 같지 않았던 대처의 인기는 이제 보수당에서조차 떨어지고 있었다. 1990년 11월 27일, 존 메이저가 보수당 당수

대처에 이어 존 메이저(사진)가 새로이 보수당 당수직을 맡게 되었다.

직을 맡았다. 이로써 마침내 노동당도 승리를 거머쥘 수 있을 듯 보였다. 보수당의 운은 이제 거의 다했고 존 메이저는 인기 있는 후보가 아니기 때문이었다.

닐 킨녹은 노동당의 현대화와 개혁이 이루어지는 속도를 조절해 주었다. 그러나 아직도 변혁은 제자리에서 크게 벗어나지 못했고 깊이 있게 이루어지지 않았다. 1992년 4월 9일의 총선거에서 노동당은 또다시 패배했다. 보수당이 확보한 의석수는 노동당보다 겨우 21석이 많은 정도에 머물렀으나, 어쨌든 다수당은 다수당이었다.

Tony Blair

05 재야 내각에서 당수로

"내가 바라는 것은 오로지 영국을 변화시키고 옛날처럼 국민들이 자랑스러워하는 국가를 만들어 가는 것입니다."

선거에서 패배한 직후에, 블레어는 그러한 결과를 신랄하게 비판했다. "우리가 패배한 진짜 이유는 매우 간단합니다. 1979년 이래로 똑같았기 때문이죠. 그건 바로 대다수의 국민들이 원하는 바를 실현해 줄 수 있다는 신뢰를 얻지 못한 것을 의미합니다."

◀ 1994년 토니 블레어는 노동당 당수로 선출되었다. 역사상 가장 나이 어린 노동당 당수였다.

1990년대 초에 블레어는 노동당의 개혁을 추진했다.

블레어는 재야 내각의 인사부 차관직을 맡으면서 극단적으로 개혁을 추진했다. 심지어 근로자들이 노동조합에 참여할지 안 할지를 선택할 수 있는 '열린 공장' 계획도 지원했다. 전통적으로 노동당과 노조는 닫힌 공장 정책을 인정해 왔다. 특정한 산업이나 무역업에 종사하는 노동자들은 노동조합에 가입해야 했다. 블레어는 노동당을 현대화하는 작업을 강하게 밀어붙여야 할 때가 왔다고 생각했다. 선거가 끝나고 예상치 못한 결과에 책임을 지고 킨녹은 노동당 당수의 자리에서 물러났다. 고든 브라운은 당수직을 거부했다. 따라서 킨녹의 자리는 당의 고참인 존 스미스가 새로 맡게 되었다. 스미스는 브라운을 재야 내각의 재무부 장관에 임명했으며 블레어에게는 내무부 장관직을 맡겼다. 서른아홉 살의 토니 블레어는 노동당에서 세 번째로 높은 위치에 올라섰다. 이로써 당의 현대화를 주도하는 인물들은 당수직을 제외한 모든 것을 얻은 셈이었다.

클린턴 대통령과 보수당의 교훈

블레어는 노동당에서 개인적으로 성공했으나 당의 변화가 느리게 진행되는 것에 매우 실망했다. 그런 블레어에게는 개인적으로나 당 차원에서나 세계 역사상 정권을 되찾았던 모범 사례가 필요했다. 젊은 나이에 미국 알칸소 주지사였던 빌 클린턴은 1976년 지미 카터 대통령 이후 처음 당선된 민주당 대통령이었다. 그의 전략은 간단했다. 주요 유권자들이 결정적인 역할을 한 것이다. 그들을 공략하면 선거에 이길 수 있다는 계산이 나왔다.

1993년 1월 첫째 주에 브라운과 블레어는 미국의 수도 워싱턴을 방문했다. 그들은 클린턴의 수석 고문 몇 명을 만났으며, 클린턴의 선거 운동이 어떻게 정치적 견해가 다른 유권자들로부터 지지를 얻게 되었는지에 관해서 들었다. 클린턴이 갖고 있는 철학의 중심에는 개인적인 책임감이 있었다.

수년 동안, 미국의 민주당과 영국의 노동당은 개인의 권리에 대한 중요성을 강조하면서 이를 신장시키기 위해 힘써 왔다. 이러한 인식은 정부가 개인에 대하여 의무를 갖고 있다는 것을 의미했다. 개인이 국가에 대해 가져야 할 의무는 거의 강조하지 않는다. 존 F. 케네디 대통령이 "국가가 당신을 위해 무엇을 해 줄 수 있는지를 생각하지 말고 당신이 국가를 위해 무엇을 할 수 있는지를 생각하십시오."라고 주장하며 국가에 대한 의무를 강조한 것과는 사뭇 다르다.

브라운과 블레어는 분명한 교훈을 얻었으며 블레어의 신념은 확고해졌다. 보수당은 거대 정부가 개인의 자유와 발전에 걸림돌이 된다고 생각했다. 하지만 노동당은 정부를 개인의 보호자이자 조력자로 간주했다. 블레어는 노동당이 국민들의 지지를 얻기 위해서는 국가에 대한 집단과 개인의 의무 문제에 대해 보수당과는 다른 관점에서 파고들어야 함을 깨달았다. 좌익과 우익, 진보와 보수라는 낡은 구분 방식은 유권자들에게 그다지 중요하지 않았다. 정말로 중요한 것은 개인과 사회의 꿈과 욕망을 모두 함께 발전시켜 나가는 정책이었다.

워싱턴을 방문하고 나서 사흘 뒤에 블레어는 한 라디오 방송에서 이렇게 말했다. "저는 우리가 범죄와 범죄를 일으키는 요인 모두에 강경하게 대처해야 한다고 생각합니다." 노동당은 언제나 가난, 교육 기회의 부족, 그 밖의 다른 불리한 환경에 초점을 맞추어 범죄를 설명해 왔다. 이제 블레어는 부조리한 사회뿐 아니라 범죄자들 스스로에게도 책임을 요구하고 있었다.

그로부터 한 달 뒤, 열 살짜리 남자 어린이 두 명이 제임스 벌거라는 두 살짜리 아기를 처참히 살해한 사건이 일어났고 영국 전체가 공포와 충격에 휩싸였다. 노동당의 대표자로서 블레어는 이 사건에 대해 비난의 목소리를 높였다. "우리는 윤리적인 공백 상태에서 살 수 없습니다. 우리가 무엇이 옳고 무엇이 그른지를 배우고 가르치지 않는다면 오로지 윤리적인 혼란만이 우리 모두를 잠식할 것입니다." 블레어는 법과 질서의 문제를 보수당이 아닌 노동당의 논의로 만들었다. 이 사건을 통해 토니 블레어는 노동당의 권력을 되찾아 줄 인물로 빠르게 떠올랐다.

피할 수 없는 운명의 꼬임

1994년 5월 12일, 노동당 당수 존 스미스는 급성 중증 심장마비에 걸렸다. 블레어는 처음에 고든 브라운이 노동당의 새 당수가 될 것이라 확신했다. 그러나 지난 2년간 내무부 장관을 맡았던 블레어는 언론 및 대중을 비롯한 동료들의 눈에 브라운을 능가하는 재목감으로 비춰졌다. 그는 보수당을 효과적으로 비평했고 노동당의 새로운 견해를 대중에게 잘 전달했다.

블레어에 대한 지지는, 속도는 느리긴 했지만 분명 올라가고 있었다. 그는 친절하고 잘생겼으며 편안한 성품을 가지고 있었다. 그에게는 변호사로 성공한 미모의 아내와 잘생기고 예쁜 세 명의 자녀가 있었다. (첫째 유안은 1984년 1월에, 둘째 니콜라스는 1985년 12월에, 첫딸 캐서린은 1987년 겨울에 태어났다.) 노동당원들은 블레어야말로 당의 재집권을 이루어낼 적임자라고 생각했다.

블레어는 노동당 당수 선거에 출마했다. 고든 브라운이 먼저 그 소식을 전해 들었다. 블레어와 브라운(이제 두 사람의 이름을 말하는 순서도 뒤바뀌었다)은 한 식당에서 저녁 식사를 함께 하면서 정치적인 거래를 했다.

블레어가 노동당 당수이자 야당 지도자가 되면 브라운은 재무부 장관(공공의 재원을 책임지는 각료)으로서 전면적인 권력을 갖는 것이었다.

브라운은 블레어가 노동당을 이끌 때 동등한 동반자의 역할을 맡은 셈이었다. 유권자들만 찬성한다면 브라운은 노동당 당수이자 총리가 자리에서 물러났을 때 그 자리를 대신 할 수도 있었지만 말이다.

1994년 7월 21일, 토니 블레어는 노동당의 열다섯 번째 당수로 선출되었다. 당시 그는 마흔두 살이었으며 역사상 가장 나이 어린 노동당 당수였다.

새로운 노동당의 새로운 당수

당선 수락 연설에서 블레어는 노동당뿐 아니라 영국 전체에 대해 언급했다. "국민 여러분, 특히 젊은 사람들에게 이 말씀을 드리겠습니다. 이번 개혁 운동을 모두 함께 합시다. 물론, 세상은 하룻밤 사이에 올바르게 변할 수 없습니다. 우리는 어리석은 환상과 그릇된 약속도 경계해야 합니다. 정치는 우리에게 힘겨운 선택과 불안한 타협을 강요하지만 그럼에도 여러 시대에 걸쳐 이어져 온 개혁 정신은 우리의 신뢰 속에서 유지되어 오고 있습니다."

노동당 내에서 그는 이렇게 선언했다. "내가 바라는 것은 오로지 영국을 변화시키고 옛날처럼 국민들이 자랑스러워하는 국가를 만들며, 모두가 성공할 기회를 가질 수 있는 우리 모두의 국가를 만들어 가는 것입니다." 이것은 모두를 위한 평등한 기회, 장점을 기반으로 진보를 이루어 가자는 단순하고 강력한 메시지였다.

　　1994년 10월, 블레어가 당수로 선출되고 난 후 첫 번째 노동당 대회가 열렸다. 당원들이 북부 해변의 리조트 마을인 블랙풀에 도착했을 때 마을 전체에 '신 노동당!'이라고 쓰인 커다란 광고판이 보였다. 이제는 단순히 그냥 '노동당'이 아니었다.

　　한편 메이저 총리는 경기 침체에 대처하는 능력을 의심받고 있었다. 그는 언제나 노동당에서 주장해 온 것으로 유명한 세금 인상 방안 이외에 뾰족한 수가 없는 상황에 몰려 있었다. 게다가 보수당원들이 뇌물을 받은 사실이 밝혀지면서 당내가 어수선해졌다.

　　1997년 3월 17일, 존 메이저 총리는 여왕에게 의회의 해산을 요구했으며 총선거 일자를 5월 1일로 선포했다. 블레어는 인생을 건 선거전에 돌입했으며 결과가 좋으리라 예상했다. 여론 조사 결과 노동당이 10퍼센트 심지어는 15퍼센트까지도 앞서는 것으로 나왔다. 블레어는 신중하고도 절제된 선거 운동을 벌였다. 그는 공약을 적게 내세웠다. 따라서 유권자들 역시 그에게 거는 기대가 적었다.

Tony Blair

06 | 총리 당선

"화해의 기차는 지금 출발하고 있습니다. 저는 여러분이 그 기차에 올라타길 바라고 있습니다."

선거 당일 밤 10시, 개표는 모두 끝났으며 노동당이 압도적인 승리를 거두었다는 뉴스가 연이어 보도되었다. 블레어는 더럼의 자택에서 가족들과 함께 개표 방송을 지켜보고 있었다. 블레어는 당시를 이렇게 기억한다. "'이제 내가 정말 총리가 되는

◀ 아내 체리와 세 명의 아이들과 함께한 블레어의 모습. 아랫줄 왼쪽부터 니콜라스, 캐서린, 유한.

구나'라고 실감하는 순간 기분이 굉장히 묘해졌답니다. 아버지는 이 소식을 듣고 이렇게 말씀하셨어요. '네 엄마가 살아 있었으면 무척이나 자랑스러워했을 게다.' 하지만 이내 울적한 제 기분을 알아채시고는 저녁 내내 '넌 잘 해낼 거야'라고 말씀해 주셨어요."

블레어는 총리 당선이 확실시되자 한밤중에 비행기를 타고 런던으로 갔다. 그는 이른 아침에 런던의 로열 페스티벌 홀에서 열릴 집회에 참석하기 위해 나섰다. 새벽 5시, 체리와 그 밖의 다른 지지자들과 함께 집회 장소에 도착할 즈음 맑은 하늘이 서서히 밝아지면서 해가 떠오르기 시작했다. 새로 당선된 총리는 하늘의 구름을 바라보면서 이렇게 말했다. "새로운 여명이 밝았군요. 그렇죠?"

정말로 그랬고 공기에서도 그것이 느껴졌다. 1997년 5월 2일이 되자 토니 블레어, 체리 그리고 세 명의 아이들(이때 유안은 열세 살, 니콜라스는 열한 살, 캐서린은 아홉 살이었다)은 빛나는 놋쇠 손잡이가 달린, 반짝거리는 검정색 대문 앞에 섰다. 바로 다우닝 스트리트 10번지, 총리 관저 건물 앞이었다.

하룻밤 사이에 세계를 떠들썩하게 할 정치적인 지각변동이 일어난 것이다. 150여 년 만에 선거에서 참패한 보수당은 권력에서 밀려났다. 신 노동당은 44.4퍼센트의 지지율을 보였고 419석의 의석을 확보했다. 이는 1930년대 이후 처음으로 거둔 노동당 최고의 승리였다. 반면 보수당으로서는 1832년 이래 처음으로 국회에서 의석수를 가장 적게 얻은 사건이기도 했다.

예정대로라면 블레어 가족은 총리 관저로 이사하기로 되어 있었지만, 이와 달리 다우닝 스트리트 11번지와 12번지의 더 큰 아파트로 이사했다. 이곳은 이전에 재무부 장관의 관저로 사용되던 집이었는데, 재무부 장관인 고든 브라운이 더 작은 아파트인 10호 건물에서 살기로 동의한 것이다. 세계가 주목하는 가운데 블레어 가족은 옷가지와 장난감, 전자 기타와 앰프, 신발, 커다란 청동 침대들을 손수 옮겼다. 영국의 언론과 대중은 이를 매우 기쁜 시선으로 바라보았다. 어린아이들이 딸린 가족이 그곳에서 사는 것은 1908년 이래로 처음 있는 일이었다.

블레어는 자신의 첫 번째 행정부를 잘 이끌어 가고 싶었다.

첫째 줄 가운데에 앉아 있는 블레어와 신 노동당 각료들의 모습(1997년 5월).

"그냥 토니라고 불러 주세요." 그는 첫 내각 회의에서 사람들에게 이렇게 말했다. 또한 모든 장관들에게도 서로 성 대신 이름을 부르도록 했다. 이로써 수 세기에 걸쳐 내려오던 형식적인 관습에 종지부를 찍었다. 블레어의 스타일은 다른 영국 정치인들의 스타일과는 완전히 달랐다.

전통적으로 내각의 장관들은 비교적 자유롭게 자신이 맡

은 부서를 운영해 왔다. 장관들은 심지어 총리와 갈등을 일으킬 수 있는 정책을 내놓기도 했었다. 이제는 블레어가 총리였고 블레어는 자신의 정부와 장관들에게 권위를 행사했다. 그는 자신이 책임지고 있는 행정부 안의 사람들에게서 어떠한 도전도 받고 싶지 않았다.

블레어는 또한 정부에서 더 낮은 지위에 있는 사람들에게까지도 자신에게 충실할 것을 요구함으로써 또 다시 전통을 깼다. 정부 관직의 낮은 지위에는 정당에 상관없이 능력 있고 믿을 만한 사람들이 임용되는 것이 통상적인 관례였다. 그러나 블레어는 그러한 지위에까지도 자기 사람을 심어 놓길 원했다. 그는 권력의 중심부, 즉 총리의 집무실에서 흘러나오는 사소한 정보에도 주의를 기울였던 것이다.

충성스런 측근

블레어의 주변에는 헌신적이고 충성스러운 사람들이 많았다. 부인은 가장 친밀하고 신뢰할 만한 친구였다. 고든 브라운과 고문관 피터 맨델손은 서로를 혐오하는 관계로 악화되었지만, 둘 다 블레어 정부의 성공을 위해서는 헌신적이었다. 두 사람은 블레어가 매일 아침 맨 먼저 호출하는 인물들이기도 했다.

브라운은 철저하고도 폭넓게 권력을 거머쥐고 있었다. 영국 역사상 가장 강력한 재무 장관이었을 뿐 아니라 고용복지부와 무역 및 산업부를 감독하는 일까지도 맡았다. 브라운은 자신감 있게 자신의 부서를 효율적으로 운영해 나갔다. 블레어와 브라운의 토론을 거치지 않고서는 아무것도 계획하거나 결정할 수 없었다.

또한 블레어는 맨델손이 갖추고 있는 날카로운 정치적 안목과 전략 그리고 전술가로서의 재능이 필요했다. 사실 블레어는 맨델손과 친구가 되고 싶었다.

블레어와 아내를 인턴으로 고용했던 변호사 알렉산더 어빈은 교육부 장관으로 초빙되었다. 오랜 친구였던 찰스 팰코너는 정부의 바깥에서 믿을 만한 조력자로서의 역할을 했.

다른 세 명의 인물들도 측근 멤버에 포함되었다. 앤지 헌터는 노동당의 야당 시절부터 블레어의 노동당 사무실을 운영해 왔다. 전직 외교관이었던 조나단 파월은 지식인층에 속했다. 그는 블레어가 1993년 미국 워싱턴 D. C.를 방문했을 때 블레어를 만나 보고 나서 노동당에 가입했다.

블레어 행정부 측근의 마지막 멤버는 블레어 총리의 대변인 앨리스테어 캠블이다. 캠블은 전직 타블로이드 신문기자로 언변이 거칠고 고집이 셌다. 그는 정치를 일종의 전쟁으로 보았기 때문에 그의 목표는 보수당으로부터 어떠한 공격도 받지 않는 것이었다. 그리고 주제가 어떤 것이든 내각과 행정부 구성원 모두가 의견일치에 이르는 것을 목표로 삼았다. 개인적인 감정이야 어떻든지 간에 이들은 모두 단결하여 토니 블레어의 성공을 위해 헌신했다.

신 노동당은 새로운 정책을 내세웠으며 영국 정부 또한 새로운 스타일로 바뀌었다. 다우닝 스트리트에 들어선 아파트들은 수많은 인기인과 유명인들이 모이는 파티로 화려하게 수놓였다. 예술가, 록 스타, 축구 스타, 작가, 영화배우와 같은 인물들이 다우닝 스트리트에 모여들었다. '멋진 영국!' 이라는 문구가 『뉴스위크』지의 표지를 장식했다.

아일랜드 분쟁 문제

총리가 된 지 일주일 만에 블레어는 국제 회의에 참석하기 위해 황급히 순방에 나섰다. 영국 전역을 방문하는 일정에서 그는 가장 문제가 많은 지역인 북아일랜드의 벨파스트를 먼저 찾았다.

19세기 이래로 영국의 왕실과 정치인들은 아일랜드 문제(북아일랜드 지역의 독립을 승인하느냐를 둘러싼 분쟁)로 꽤나 골치를 썩였다. 1921년에 영국은 아일랜드의 독립을 승인했지만 아일랜드 북부 6개 주는 계속 영국이 통치했다. 아일랜드의 소수 개신교 신도들이 그곳으로 대거 이주해 갔고 이 6개 주가 북아일랜드로 알려졌다. 북아일랜드의 가톨릭교도와 개신교도들은 두 집단으로 냉혹하게 분리되었다. 1960년대에는 이 두 집단 간에 싸움이 치열해졌고 이따금씩 폭력이 난무하기도 했다.

블레어는 북아일랜드의 이 어려운 문제들을 해결하기 위해 개인적으로나 정치적으로 헌신했는데, 그 모습에 모든 사람들이 감동했다. 그는 북아일랜드의 벨파스트에 공정한 제안을 건넸다. 폭력 시위를 중단하면 아일랜드 공화군을 평화 유

1960년대 가톨릭교도와 개신교도 간의 갈등이 최고조에 달했을 때 북아일랜드 벨파스트에서는 폭력 사태가 끊이지 않았다.

지 그룹에 포함시키겠다는 내용이었다. 또한 개혁은 투표를 통해 이루어져야지, 폭력을 행사해 이루어져서는 안 된다고 경고했다.

블레어는 아일랜드의 자치를 반대하고 북아일랜드가 영

북아일랜드 분쟁

　아일랜드 내분의 뿌리를 알려면 영국이 아일랜드를 지배했던 400년 전으로 거슬러 올라가야 한다. 1608년에 영국은 아일랜드에 가서 게릭어(스코틀랜드 토착어)를 쓰며 가톨릭교를 신봉하는 아일랜드 토착민들에게서 가장 비옥한 땅을 빼앗았다. 1610년에 잉글랜드, 웨일즈, 스코틀랜드에서 온 개신교 정착민들이 이 땅에 정착해 살았다. 그 후로 350년간 아일랜드 토착민들은 영국의 무자비한 통치 아래 고통스런 삶을 살았다. 설사 이를 못 참고 봉기를 한다 해도 일시적이고 헛된 폭동에 그치기 일쑤였다.

　19세기가 끝나갈 무렵, 아일랜드 북동부에 위치한 얼스터라는 지역의 여러 주에는 대부분 개신교가 살았으며, 산업화되어 안정적인 고용이 보장된 곳으로 변모되었다. 반면 압도적으로 가톨릭 신자들이 많은 아일랜드 남부는 농경지로 남아 있었다. 1848년 감자 수확에 실패해 대기근이 닥쳤을 때는 아일랜드에서 백만 명도 넘는 사람들이 굶어 죽었다. 19세기 말엽에 이르러 영국 정부는 아일랜드의 자치권 요구를 긍정적으로 검토하기 시작했다. 아일랜드 자치는 아일랜드 사람들 스스로가 아일랜드의 미래를 결정할 수 있다는 것을 의미했다. 그러나 얼스터의 보수주의 개신교도들은 영국과의 관계를 계속 유지하기를 바랐으며, 아일랜드의 가톨릭교도들이 내각을 구성하게 되면 자신들도 가톨릭교회의 지배를 받을까 봐 두려워했다.

　아일랜드 민족주의자들은 어떠한 타협도 거부했다. 그들은 영국이 아일랜드에서 완전히 떠나주기를 원했다. 민족주의자들은 독립을 위해 계속해서 싸웠다. 1921년 5월에는 형식적, 법적으로 아일랜드를 두 지역으로 분할하는 조약이 맺어졌다. 가톨릭 신자들이 압도적으로 많은 남부 아일랜드의 26개 주는 아일랜드 공화국으로서 영국으로부터 독립했다. 기독교도가 우세하며 영어를 사용하는 얼스터 6개 주는 영국과 긴밀하게 연관을 맺으며 영국의 일부인 북아일랜드에 귀속되었다.

　분할 조약 이후에 영국에 우호적인 보수주의자들은 얼스터 지역으로 물밀듯이 밀려들었다. 그러나 얼스터에 존재하는 가톨릭교도들에게서 아직도 위기감을 느끼고 있었다. 따로 독립한 남부의 아일랜드 공화국은 얼스터 6개 주 역시 엄연히 아일랜드의 일부인 만큼 자신들의 공화국에 귀속되어야 한다고 주장했고 이것 역시 보수주의자들에게 위협적이었다. 이러한 위협 속에서 얼스터 정부는 소수 가톨릭교도들에게 시민의 자유와 기본적인 인권을 보장하지 않았다.

　40년 가까이 아일랜드 공화군(얼스터 지역을 아일랜드 공화국 내로 되돌리기 위해 투쟁하는 집단)과 얼스터 보수주의자들은 총과 폭탄을 사용하는 폭력을 행사했으며 이에 대한 보복적 폭력을 계속해 왔다. 북아일랜드의 벨파스트라는 지역에서는 양쪽을 가로막고 있는 벽과 철조망 너머로 서로 욕설을 퍼붓고 벽돌과 화염병을 집어 던지는 일이 흔했다. 영국 군인들은 방탄조끼를 입고 장갑차를 타고 다니면서 거리를 감시했으며 돌을 던지면서 소동을 일으키는 젊은이들에게는 고무탄과 최루가스를 발포했다.

1967년에는 40여 년에 걸친, 보수주의자들의 가톨릭교도 차별에 저항하기 위한 북아일랜드 민권연합이 창설되었다. 가톨릭교도들은 민권운동을 함으로써 북아일랜드가 세워진 이래 처음으로 정치에 개입했다. 이 단체는 비폭력 저항 시위를 벌였다. 얼스터 보수주의자들은 시위 행렬을 저지했고 그러는 과정에서 폭력을 행사하기도 했다.

분쟁 도중 최악의 폭력 사건은 1972년 1월 30일, 피의 일요일에 발생했다. 이날 가톨릭교도들이 많이 살고 있는 북아일랜드의 런던 데리시에서 대규모의 비폭력 시위 행진이 있었다. 시위가 끝나갈 무렵 영국군에 의해 시위자 중 14명이 사살 당했고 또 다른 14명은 부상을 입었다. 영국 정부가 시위자들을 억누르기 위해 다양한 폭력을 행사했지만 거의 성과를 거두지 못했다. 토니 블레어 총리가 영국의 앞날을 위해 이를 중요한 문제로 인식하고 북아일랜드에서 평화를 건설하기 전까지는 말이다.

국의 일부로 남길 바라는 저항보수주의자들에게, 다수가 원한다면 북아일랜드는 영국의 일부로 남도록 할 것을 약속했다. 그러나 정치적인 견해를 평화적으로 표현해야만 변화를 일으킬 수 있다는 점을 분명히 지적했다.

1997년 5월 16일, 벨파스트에서 가진 연설에서 블레어는 아일랜드 공화국을 직접적으로 거론했다. 그러나 동시에 보수주의자들도 염두에 두었다. "화해의 기차는 지금 출발하고 있습니다. 저는 여러분이 그 기차에 올라타길 바랍니다. 그러나 어쨌든 그 기차는 떠나고 있으며 여러분을 기다리느라 기차를 세우지는 않을 것입니다. 여러분은 이 화해의 과정을 더 이상 억류할 수 없습니다. 폭력 또한 이제는 끝을 맺어야 할 때입니다."

전 세계를 무대로

벨파스트에서 돌아온 뒤, 블레어는 처음으로 유럽연합 정상회담에 참석하기 위해 네덜란드 노르드베이크로 떠났다. 그곳에서 '제 3의 길'이라고 명명된 새로운 통치 스타일에 관한 자신의 생각을 털어놓았다. 제 3의 길을 통해 블레어는 제 3의 또는 중립의 길이 언제나 두 극단 사이에 존재해 왔다고 말했다. 제 3의 길은 블레어의 대표적인 정치철학이 되었다. 그는 다른 유럽 정부들 또한 제 3의 길 통치 모델을 이용함으로써 각자의 국가를 올바르게 다스릴 수 있다고 믿었다.

블레어는 며칠 후 프랑스 파리로 가서 러시아와 나토(NATO), 즉 북대서양 조약 기구(유럽 나라들과 미국이 만든 기구로서 회원국들끼리 서로의 안전을 책임지기로 약속했다) 간의 안전 협약 체결에 서명했다. 파리에서의 업무를 마친 이틀 뒤에는 미국의 클린턴 대통령과 영부인 힐러리 클린턴 여사가 런던을 방문했으며, 블레어 부부는 클린턴 대통령 부부와 직무상의 관계뿐 아니라 인간적인 관계를 오랫동안 유지했다. 일주일 뒤에 블레어는 또 다른 유럽 회의에 참석하기 위해 스웨덴으로 갔다. 그곳에서 신 노동당이 추진했던 '현대화가 아니면 죽음을 달라'는 정책을 참고하도록 유럽의 사회당을 자극했다.

6월 말에 블레어는 세계 7대 경제 선진국들의 모임인 G7

클린턴 부부가 처음으로 블레어를 방문한 1997년에 클린턴 대통령 내외와 블레어 총리 내외가 다우닝 스트리트 10번지 건물 앞에서 취재진을 향해 인사를 하는 모습.

회의에 처음으로 참여했다. 이 회의에는 러시아도 참여했으며, 미국 콜로라도 주의 덴버 시에서 열렸다. 영국으로 돌아오는 길에 뉴욕에 잠시 들러 환경 문제에 관한 유엔 회의에서 연설을 했다. 그곳에서 블레어는 이렇게 선언했다. "집에 있는 세 아이들은 런던에서 아빠가 집에 들어오지도 않는다고 불평하고 있습니다. 그러나 그런 저희 아이들이 아빠가 꼭 참석했으면 하고 바라는 회담이 있다면 그것은 지금 이곳에서 이루어지고 있는 회의일 것입니다. 그 아이들은 우리가 이곳에서 결정한 사안이 자신들이 물려받게 될 세계에 깊은 영향을 미칠 것임을 잘 알고 있습니다. 그래서 저는 여러분에게 영국의 새 총리로서뿐만 아니라 한 사람의 아버지로서 말씀드리는 것입니다." 블레어 내각의 환경부 장관 존 프레스콧이 열심히 일해 준 덕분에 지구 온난화 감소를 위해 화석연료 사용을 제한하도록 하는 조약을 그해 12월에 일본 교토에서 체결할 수 있었다.

6월 말에 블레어는 중국에 홍콩을 반환하는 문제를 놓고 중국 정상들과 홍콩에서 회담을 가졌다(1898년에 영국은 당시 식민지 중 하나였던 홍콩을 백 년 뒤에 중국에 반환하겠다고 약속했다).

그는 다시 영국으로 돌아왔고, 이제는 국정을 보살필 차례였다. 블레어는 영국 국민들 사이에서 지지도가 엄청나게 높았고 신 노동당은 하원 의석의 과반수를 차지했다. 그들과 견줄 만한 상대는 아무도 없었다.

다이애나 왕세자비의 죽음

8월의 마지막 날 새벽 2시, 토니 블레어는 전화벨 소리에 놀라 깼다. 다이애나 왕세자비가 파리에서 교통사고를 심하게 당했다는 소식이었다. 새벽 3시 30분, 전화벨은 또 한번 울렸다. 왕세자비는 사망했고 그와 함께 차를 타고 운전을 하던 남자 친구 역시 사망했다는 소식이 들려왔다(당시 다이애나 왕세자비와 찰스 황태자는 이혼한 지 얼마 안 된 상태였다).

왕세자비의 죽음으로 온 나라는 충격에 휩싸였고 카메라 앞에 선 블레어는 떨리는 목소리로 이렇게 말했다. "저는 오늘 이 나라의 모든 사람들과 똑같은 기분입니다. 오로지 망연자실할 뿐입니다. 다이애나는 국민의 왕세자비였으며 우리의 가슴 속에, 그리고 우리의 기억 속에 영원히 국민의 왕세자비로 남아 있을 것입니다."

'국민의 왕세자비', 그가 찾아낸 이 정확한 문구는 다이애나 왕세자비의 인정 많은 성격을 잘 드러낸 표현이었다. 블레어의 말과 가슴을 울리는 문구는 온 나라를 숙연하게 했고, 힘들게 살다가 젊은 나이에 요절한 애처로운 왕세자비를 어떻게 애도해야 하는지 말해 주는 듯했다.

이 시기는 블레어에게도 역시 결정적인 순간이었다. 그는 이전의 영국 총리는 한번도 해 본 적이 없는 역할을 수행했다. 다이애나 왕세자비와 찰스 황태자의 두 아들 윌리엄과 해리는 특히 냉혹한 언론에 무방비로 노출되어 있었다. 엘리자베스 여왕도 황망한 상태였으며 이 사건으로 난감한 위치에 처했다. 왕실의 이혼 그리고 이러한 죽음은 역사상 유례 없는 사건이었다. 언론은 사정없이 카메라를 들이댔고 다이애나 왕세자비의 죽음에 왕실이 어떤 반응을 보일 것인지에 촉각을 곤두세우고 있었다.

블레어는 대중을 위한 별도의 장례식을 마련해 영국의 온 국민이 왕세자비의 죽음을 애도할 수 있도록 했다. 블레어는 충분히 난처할 수도 있었을 상황을 근래 영국 역사상 가장 놀라운 순간으로 전환시켰던 것이다.

다시 북아일랜드로

블레어는 북아일랜드에서의 평화를 이룩하기 위한 노력을 계속했는데, 어쩌면 그것은 북아일랜드가 그의 어머니와 깊은 연관이 있었기 때문인지도 모른다. 1997년 가을, 그는 1921년 이래 처음으로 아일랜드 지도자를 방문해 악수를 나눈 영국 총리가 되었다. 아일랜드 자치에 반대하는 북아일랜드 보수주의자들은 블레어가 회의를 마치고 나올 때 그를 향해 '반역자!' 라고 외쳐댔다. 그러나 아일랜드 지도자들과 대담을 가진 덕에 블레어는 두 세력을 다시 협상 테이블로 이끌 수 있었다.

존 메이저는 총리로 재직할 당시 미국의 클린턴 대통령에게 아일랜드 문제를 어떻게 풀어나가야 할지 조언을 구했다. 클린턴은 미국의 전 상원의원 조지 미첼에게 아일랜드 두 세력 사이에서, 그리고 아일랜드 정부를 포함한 모든 당파들 사이에서 대화를 주선하도록 지시했다.

블레어는 총리 버티 에이헌(왼쪽), '신 페인'의 대표자 게리 애덤스와 같은 아일랜드 지도자들과의 외교를 회복하기 위해 부단히 노력했다.

평화와 안정을 향한 진보는 조금씩 진행되어 갔다. 블레어는 협상의 열쇠를 쥐고 있는 주요 인물들, 즉 아일랜드 공화국의 정치부인 '신 페인'의 대표자 게리 애덤스, 얼스터 온건파 보수당의 지도자인 데이비드 트림블, 아일랜드 공화국 총리인 버티 에이헌 등과 개인적인 친분을 가졌다. 블레어는 그들이 개인적으로나 정치적으로 더욱 가까워지도록 만들었다.

조지 미첼과 블레어는 정당 간의 공식 협약을 1998년 부활절까지 마무리하기로 정했다. 이것에 실패하면 엄청난 타격이 예상되었다. 한번은 낙담한 조지 미첼이 이렇게 말했다. "이곳 사람들은 친절하고 따뜻합니다. 그러나 유독 서로에게만은 따뜻하지 않습니다. 수 세기에 걸친 갈등으로 그들은 서로를 증오하며, 두 집단(가톨릭교도와 개신교도)이 서로를 신뢰하기란 도저히 불가능해졌습니다."

마침내 1998년 4월 10일 금요일, 역사적인 벨파스트 협정이 보수당과 아일랜드 공화국 간에 체결되었다. 6주 후에는 아일랜드 전역에서 투표가 실시되었다. 이 투표 결과 아일랜드 국민들은 '굿 프라이데이 협정'이라고 이름 붙인 벨파스트 협정을 전적으로 지지한다는 것이 여실히 드러났다. 국민의 권리인 투표를 통해 정치적으로 진일보한 이 협정은 존중되고 보호될 것이 분명했다.

이러한 평화를 이룩하는 데 가장 큰 공헌을 한 사람은 다름 아닌 토니 블레어였다. 조지 미첼은 나중에 그에 대해 "블

북아일랜드와의 평화 협정을 이끌어 낸 토니 블레어. 왼쪽은 버티 에이헌 아일랜드 공화국 총리.

레어는 우리 시대의 효율적인 리더십에 필요한 요건들을 갖추고 있습니다. 지적이고, 표현이 분명하며, 결단력 있고, 그리고 사진도 잘 받습니다."라고 말했다. 미첼은 블레어가 북아일랜드로 향하는 것이 도박이었음을 인정했다. 성공하리라는 보장이 없었고 대부분의 정치 고문관들도 가지 말라고 충고했다. 그러나 블레어는 북아일랜드로 갔고 마침내 긍정적인 성과를 얻었다.

Tony Blair

07 이라크와 발칸반도 문제

"이것은 악에 대항하는 선의 전투입니다. 문명과 야만의 싸움이자, 독재에 반대하는 민주주의의 싸움입니다."

1998년 2월 17일, 영국 하원은 앞으로 이라크에서의 무력 사용이 불가피하다는 블레어의 법안을 승인했다. 이 법안은 1991년 마가렛 대처 총리가 미국 조지 H. W. 부시 대통령 그리고 세계 권력과 연합하여 이라크를 쿠웨이트에서 물러나게 했을 당시

◀ 블레어는 윤리적인 목적을 위해 무력을 사용하는 것이 선을 이루는 강한 무기가 될 수 있음을 보여 주었다.

부터 등장한 것이다.

　이라크는 1991년, 이웃에 위치한 쿠웨이트를 침공했다. 연합국들은 이라크 대통령 사담 후세인의 군대를 쉽게 찾아냈으며 국경을 넘어 이라크로 돌아가도록 압박했다. 유엔의 휴전 협정에 따라 미국과 영국의 공군은 이라크 영공에 비행 금지 지대 두 곳을 지정하여 이라크 항공기들이 비행할 수 없도록 했다. 그 중 북쪽 지역은 쿠르드족이 살고 있었고, 남쪽 지역은 시아파 이슬람교도들이 장악하고 있었다. 쿠르드족과 시아파 이슬람교도들은 모두 사담 후세인에게 박해를 받아 왔으며 후세인 정권의 적이었다. 유엔은 이라크에서 미사일 개발은 이뤄지지 않는지, 화학 무기나 생물학적 무기와 같은 대량 살상 무기는 만들어지고 있지 않는지, 핵개발 프로그램은 없는지 등을 알아보기 위해 유엔 무기 사찰단을 파견할 수 있도록 후세인에게 요구했다.

　전쟁이 끝나고 유엔이 의심가는 지역을 조사하려 하자 후세인은 이를 계속 거부했다. 그러던 중에 후세인은 갑자기 예상치 못한 협력을 제안해 왔다. 하지만 그는 그 후로도 계속해서 유엔의 결정을 시험했고 무기 사찰 과정을 방해했다. 1998년, 블레어가 제안한 무력 사용 법안이 국회에서 통과되자 후세인은 다시 한 번 주춤하는 듯했지만 여전히 계속해서 위기를 불러 일으켰다.

무력 그리고 무력의 위협

한편 남동부 유럽에 위치한 발칸반도는 인종과 종교 문제로 여러 가지 갈등을 빚고 있었다. 유고슬라비아의 독재자 티토가 사망한 직후인 1991년에 정통 기독교를 신봉하는 세르비아, 로마 가톨릭교를 신봉하는 크로아티아, 보스니아 이슬람교를 믿는 유고슬라비아 간의 오랜 갈등이 결국 폭발하고 만 것이다. 이러한 갈등이 터짐으로써 통일되어 있던 국가가 산산조각 났다.

세르비아의 대통령, 슬로보단 밀로셰비치는 군대를 동원해 크로아티아와 보스니아를 침공했다. 그들은 보스니아에서 남녀를 불문하고 수천 명의 이슬람교도와 어린이를 사살했다. 이는 '인종 청소'라고 알려진 잔인한 정책의 일부였다. 1995년

세르비아의 밀로셰비치(사진)는 크로아티아와 보스니아를 침공, 수천 명의 이슬람교도와 어린이를 사살했다.

8월, 북대서양 조약 기구는 세르비아에 여러 번 경고했지만 밀로셰비치가 이를 받아들이지 않자 미사일로 세르비아 공격을 감행했다. 그리고는 마침내 밀로셰비치와의 협상을 통해 언제 다시 깨질지 모를 불안한 평화를 약속 받았다.

코소보의 세르비아 지역에 있는 세르비아인은 소수에 불과했다. 역사적으로 이곳은 알바니아계 이슬람교도들의 지역이었으며 이 지역 사람들은 얼마 전부터 세르비아와의 분리를 요구하고 나섰다. 밀로셰비치는 세르비아계 소수민족을 보호한다는 허위 명분 아래 코소보의 알바니아계 이슬람교도들을 공격할 것을 명령했다.

1998년 6월, 세르비아의 공격으로 코소보 알바니아인 5만 명이 사망했으며 이는 인도주의적인 갈등을 초래했다. 유럽연합을 대표해서 영국은 북대서양 조약 기구가 공군 공격을 감행할 수 있도록 허락하는 유엔의 승인을 기다렸다. 그러나 러시아 때문에 이러한 승인을 얻기란 거의 가망이 없어 보였다. (러시아는 세르비아의 밀로셰비치와 긴밀한 동맹 관계에 있었으며 안전보장 이사회의 법안에 거부권을 행사할 수 있는 권한이 있는 유엔 안

전 보장 이사회의 영구 회원국이었다.)

　　결국 그해 10월, 유엔이 세르비아에 대한 압박을 가중시키자 20만 명 이상 되는 코소보 알바니아인들이 빠져나갈 수 있었으며, 이때 북대서양 조약 기구에서는 500대의 전투기를 동원했다. 밀로셰비치는 몇 시간도 채 안 되어 후퇴했다. 그는 2,000명의 비무장 국제 감시인단이 민간인을 공격하지 않도록 안전을 확보하기 위해 코소보 지역에 들어오는 것을 허락했다. 그 순간만큼은 밀로셰비치에게 어떠한 압박도 가하지 않았다.

　　한편 이라크에서는 사담 후세인이 유엔 사찰단을 스파이라고 비난하면서 또 다시 고개를 쳐들었다. 1998년 11월 14일, 미국과 영국의 전투기들이 이라크 군사 기지를 공격했고 후세인은 다시 한 번 꼬리를 내려 사찰단이 일을 마칠 수 있도록 협조했다. 연합국 전투기들도 모두 철수했다.

　　블레어는 무력으로 위협할 때의 즉각적인 영향력을 눈으로 확인했다. "사담 후세인은 여차하면 우리가 엄청난 규모의 무력을 사용할 수도 있다는 것을 분명히 깨달았을 때 여지없이 무너졌습니다. 무력의 사용을 반대하고 있는 다른 나라들도 후세인이 무력의 분명한 위협 앞에서 꺾일 수밖에 없었던 것을 똑똑히 지켜보기 바랍니다."

블레어는 중동의 여러 문제도 염려했다. 비록 실패하기는 했지만, 클린턴 대통령이 종적이 분명하지 않은 오사마 빈 라덴을 사살하기 위해 아프가니스탄과 수단의 두 지점에 미사일을 발사했을 때, 클린턴을 지지한 지도자는 전 세계에서 블레어 한 명뿐이었다. 당시까지만 해도 빈 라덴은 이슬람 원리주의 테러리스트 단체인 알 카에다의 우두머리로 잘 알려져 있지 않았다.

1998년 12월 중순경, 유엔 무기 사찰단장인 리처드 블레어는 사담 후세인이 아직도 유엔 협약을 위반하고 있다고 보고했다. 1998년 12월 16일에는 블레어 총리와 클린턴 대통령 두 사람이 함께 연합 공습을 실시한다고 발표했다. '사막의 여우' 작전은 이라크의 군사 기지를 목표로 공격을 펼치고 있었다.

블레어는 영국 군인들을 전쟁터로 보내야 한다는 강한 의무감을 느꼈다고 시인했다. 그러나 그와 클린턴은 국제법을 집행하기 위해서만 무력을 사용하기로 결정했었다.

몇 주가 지나 블레어는 남아프리카로 가서 이라크 공습에 회의적인 넬슨 만델라 대통령과 회담을 가졌다. 1999년 1월 8일에 케이프타운에서 열렸던 남아프리카 국회 연설에서 블레어는 전쟁에 나가는 도덕적인 이유를 이렇게 설명했다.

"사람들은 누구도 부탁하지 않았는데, 옳고 그름에 대한 감시인을 자청하고 나설 수는 없는 거라고 말합니다. 그 말에 저도 공감하며 또한 사실이라고 생각합니다. 그러나 국제 단체가 어떠한 목표에 동의했지만 그것을 실행하는 데 실패했다면 그 단체는 행동을 취할 수 있고, 또 행동해야만 하는 것입니다."

이 연설은 새로운 외교 정책을 정확하게 표방하고 있었다. 오직 정치적인 사안에만 초점을 두는 것이 아니라 옳은 일을 추구하는 정책 말이다. 이러한 정책의 방향 때문인지 블레어는 이내 발칸반도로 다시 돌아갔다. 밀로셰비치는 군사력을 동원해 또 다시 코소보 알바니아인들을 코소보에서 몰아내려 하고 있었다. 그의 군대는 민간인들에게 수없이 잔학한 행위들을 자행했는데, 특히 여성들에게 심했다. 1999년 2월과 3월에 걸쳐서 밀로셰비치는 유엔 평화 유지군이 세르비아에 들어오는 것을 허락하지 않았다. 마침내 3월 말에 이르러 그에게 최후 통첩을 보냈다. 코소보에서의 '인종 청소'를 당장 멈추지 않는다면 북대서양 조약 기구의 전투기로 세르비아의 베오그라드와 세르비아 군대를 공습할 것이라는 마지막 경고였다.

밀로셰비치는 이 경고를 무시했다. 1999년 3월 24일, 북대서양 조약 기구의 제트기는 세르비아 방공 시설들을 폭파시켰다. 폭격이 시작된 지 며칠 뒤에 코소보에 인접한 알바니아와 마케도니아로 가는 길들은 이 참상을 피해 이동하는 수십만 명의 피난민들로 가득 메워졌다.

밀로셰비치는 나토의 폭격을 견딜 수 있으리라 생각하고 도박을 한 것이다. 이 일에 대해 나중에 블레어는, 1년도 채 안 되어 두 번째로 영국의 무력 사용을 명령한 것은 무력의 남용이었음을 인정했다. 4월 초에 『선』지에 기고한 글에서 그는 다음과 같이 썼다. "이것은 악에 대항하는 선의 전투입니다. 문명과 야만의 싸움이자, 독재에 반대하는 민주주의의 싸움입니다."

순식간에 전 세계 TV와 신문을 통해 코소보의 알바니아

1999년, 베오그라드 일부 지역에 북대서양 조약 기구가 폭격을 가하자 수십만 명의 알바니아 사람들이 세르비아 코소보로부터 피난하고 있는 모습.

피난민들이 빗속에서 터벅터벅 걸어가며 임시 천막촌에서 살아가는 처참한 모습이 보도되었다. 세르비아 군사 목표물을 공격하는 일은 난민들의 상황을 더욱 악화시키는 것만 같았다.

4월 말, 블레어는 백악관에서 클린턴을 만났다. 블레어는 공습만으로는 잔학 행위를 멈추게 하기에 충분치 않다고 자신의 생각을 말했다. 그러나 클린턴은 육군 전투 병력을 동원하게 되면 사상자들이 생길 것이라며 이 의견에 반대했다. 결국 블레어는 클린턴을 설득했고 클린턴은 코소보에서의 살상을 멈추도록 하기 위해 육군 병력을 동원할 의사가 있다고 공개적으로 선포했다. 북대서양 조약 기구의 공습은 계속 되었다.

4월 24일, 블레어는 미국 일리노이 주 시카고의 이코노믹 클럽에서 중요한 연설을 했다. 그곳에서 그는 정치적인 행동주의자들의 대외 관계에 관한 국제적인 비전을 설명했다. 각 나라들이 서로를 어떻게 대우해야 하는지를 규정하는 유엔 헌장을 어기지만 않는다면, 북대서양 조약 기구와 같이 지역을 중심으로 구성된 다국적 단체는 유엔의 승인 없이도 국제법을 시행할 수 있다는 내용이었다. "대규모의 난민 이동으로 주변 국가들은 동요할 것이며, 그렇게 되면 난민들은 국제적인 평화와 안전을 위협하는 존재가 될 것입니다." 그의 이러한 견해는 한 나라가 다른 나라의 내정에 간섭할 수 없도록 하는 유엔 헌장의 내용에서 심하게 벗어난 것이었다.

5월 초에 블레어와 아내는 코소보의 알바니아계 난민들을 살피기 위해 마케도니아 천막촌을 찾아가 보았다. 사람들이 "토니, 토니" 하고 외쳐대자 아내는 흐느꼈고, 블레어는 이렇게 말했다. "이것은 북대서양 조약 기구의 전쟁도 아니고 영역 싸움도 아닙니다. 이것은 인류를 위한 전쟁이며 단지 이것만이 이유이고, 이것만으로도 충분한 이유가 되는 것입니다."

　　결국 1999년 6월 3일, 78일에 걸친 북대서양 조약 기구의 폭격을 받고 나서 밀로셰비치는 항복을 선언했다. 세르비아 군대는 일주일 후에 코소보에서 철수했으며 마침내 공습은 끝났다. 블레어와 클린턴은 윤리적인 목적을 달성하기 위해 신중하게 무력을 사용한다면 선을 이루는 강력한 무기가 될 수 있음을 전 세계에 보여 주었다. 옛날에는 영토를 놓고 전쟁했지만 앞으로의 전쟁은 인간의 가치를 놓고 벌이는 싸움이 될 것이다.

　　블레어는 '옳은 일'이라는 표현을 연설 및 기자회견에서 여러 번 사용했다. 한편에서는 블레어가 전 세계를 위해 최선이라고 결정하고 이 결정에 따라 행동한 것은 순진하고 오만한 자세라고 비판하는 사람도 있었다. 어떤 사람들은 블레어가 자기 이익과 관련된 일을 할 때만큼은 원래의 모습처럼 독선적이 거나 똑똑하지 않은지도 모른다고 비아냥거리기도 했다.

사생활과 국내 정책

블레어는 이러한 비판과 함께, 총리 관저에서 나오는 모든 소식과 이야기들을 통제하려고 시도했다. 그랬기 때문에 블레어는 영국 내에 수많은 적을 만들어 왔다. 이러는 동안 블레어의 넷째 아이가 태어났다는 소식이 전해졌다. 레오는 2000년 5월 20일에 태어났다. 현직 총리로서 아이를 낳기는 151년 만에 처음 있는 일이었다.

블레어의 인생에서 가족은 주춧돌이 되었다. 환경 문제에 관한 연설에서부터 기아 방지를 위한 활동에 이르기까지 모든 부분의 중심에는 항상 가족이 있다고 그는 말했다. 수많은 인터뷰와 글을 통해서 이러한 말들을 되풀이했다. "저는 정치인일 뿐 아니라 제 아이들의 아버지이기도 합니다." 그리고 "아이들은 저를 화나게 할 때도 있지만 사리를 분별하도록 해 줍니다." 한번은 이렇게 말하기도 했다. "제가 정치인으로서 더욱 성공적

블레어 부부와 아들 레오.

으로 일할 수 있는 건 평범한 삶을 살고 있기 때문입니다."

　블레어의 삶은 현대적이고도 평범하다. 부인은 동업자와 함께 인권 전문 변호사 사무실을 열었고 그곳에서 온종일 일했다. 아이들은 보모가 돌봐 주었다. 또한 블레어 형의 가족과 아이들의 외가가 가까운 곳에 있었다. 그래도 블레어는 다른 정치인들에 비해서는 아이들과 함께 보내는 시간이 훨씬 많았다.

레오가 태어난 지 몇 달 후, 당시 열여섯 살이던 유안이 한밤중에 술에 취해 친구들과 함께 경찰에 연행되는 사건이 일어났다. 십대들이 시험이 끝난 뒤에 술 마시고 흥청거리는 것을 사회에서 어느 정도 이해는 하지만, 영국의 언론은 그 무렵 유안이 방치되고 있었다는 사실을 크게 부각시켜 보도했다. 아버지 토니 블레어는 국정 일로 바빴고 어머니는 포르투갈에서 휴가를 보내던 중이었다. 이 사건이 있은 후부터 블레어는 가족의 사생활을 보호하는 데 더욱 주의를 기울였고 영국 언론의 접근을 극도로 제한했다.

그 무렵 레오의 탄생이나 블레어의 세계 무대 제패 어느 것 하나 영국에서 그의 인기를 올리는 데 기여하지 못했다. 그의 신 노동당 정책들은 온건했지만 현대 정부를 변화시키는 것은 공룡을 다루는 것만큼이나 까다로웠으며 이겨내기 어려워 보였다. 2000년 초, 거대한 경제 번영의 물결이 세계 시장을 휩쓸고 지나갔다. 새로운 디지털 기술과 인터넷의 등장으로 프랑스, 독일, 미국, 영국과 같은 세계 최대의 경제 규모를 자랑하는 국가들은 경제 붐을 맞이했다.

그렇지만 2001년 선거를 6개월 앞둔 2000년 말엽에 이르러서는 블레어 행정부에도 균열이 생기기 시작했다. 중유를 비롯한 다른 연료에 부과하는 세금이 인상되어 전국의 트럭 운전사들이 파업을 일으켰고 나라 경제는 제자리걸음이었다. 블레어는 국민들이 트럭 운전사들의 편을 드는 것에 충격을 받은 것 같았다. 그가 총리 자리에 오른 이래 처음으로 보수당이 여론 조사에서 급격히 상승세를 탔다.

그리고 몇 달 후, 극심한 구제역이 발생해 영국의 축산업계가 큰 타격을 입었다. 값비싼 젖소 떼가 모두 구제역에 감염된 것이다. 영국 방송에서는 농민들이 죽은 가축들을 쌓아 놓고 불에 태우는 모습을 연이어 방송했다. 블레어는 5월 3일로 예정된 선거 일자를 미루고 구제역의 확산으로 인해 격앙된 분위기를 가라앉히려 애썼다. 선거 하루 전인 2001년 6월 7일에는 열차 탈선과 열차 충돌 사고가 연이어 발생해 국민의 분노는 극에 달했으며, 이 사건으로 영국의 열차 체계와 기반 시설이 얼마나 형편없는지가 여실히 드러났다.

블레어는 4년의 임기 동안 자신이 이룩한 주요 성과물들을 돌아보았다. 그는 최저 임금을 더 높게 조정했고 가족과 아이들, 노인들을 위한 복지 제도 개선을 감행했다.

가장 중요한 성과는 오랫동안 고대해 온 독립된 의회를 세울 수 있도록 스코틀랜드와 웨일스를 도와준 일이었다. 이것은 이 지역을 둘러싸고 3세기 동안이나 지속되어 온 복잡한 법적인 협약들을 조정한 것을 의미한다. 영국의 일원인 이 지역의 법률이 이전까지는 런던 의회에서 만들어졌다.

이번 선거는 1918년 여성이 참정권을 획득한 이래 가장 투표율이 낮았다. 그러나 블레어와 노동당은 또 한 번의 압승을 기록했다. 블레어는 한 나라를 운영해 낼 수 있음을 입증해 보였다.

블레어는 국민들에게 고든 브라운이나 측근들과 함께 신노동당을 이룩한 사람으로만 기억되고 싶지 않았다. 영국의 교육 제도, 국가 건강 관리 서비스, 개인 사업, 도로 기반 시설과 신속한 교통에 이르기까지 이 모든 분야에서 자신의 흔적을 남기고 싶었다. 두 번째 임기 동안 국정을 이끄는 데 어려움이 도처에 산재해 있었다.

Tony Blair

08 세계는 끊임없이 변한다

"지금은 머뭇거릴 때가 아닙니다. 지금은 우리의 삶을 위험에 빠뜨리려 하는 전제 정치와 독재 그리고 테러리스트에 맞서 싸울 때입니다."

2001년, 미국의 41대 대통령 조지 H. W. 부시의 아들 조지 W. 부시가 미국의 43대 대통령에 당선되었다. 개인적으로 클린턴을 좋아했고 그와 함께 정치적, 사회적인 가치들을 함께 나누었던 블레어에게는 미묘한 순간이 아닐 수 없었다. 부시와 그

◀ 미국의 조지 W. 부시 대통령(오른쪽)과 블레어는 동맹관계이자 친구이다.

부인은 텍사스 주 출신의 보수 공화주의자들이었으며 클린턴 부부와는 매우 달랐다. 그러나 한 가지 사실은 분명했다. 영국과 미국의 특별한 관계는 계속 굳건히 유지되어야 한다는 사실이었다.

블레어는 클린턴에게 차기 대통령에게 어떻게 접근하면 좋겠느냐고 조언을 구했다. 그러자 클린턴은 이렇게 대답했다. "그 분의 친구가 되세요. 그의 가장 친한 친구 말이에요. 그가 의지할 수 있는 사람이 되어 주세요."

새로 당선된 대통령은 선거 운동에서 클린턴과 블레어의 대외 정책에 동의하지 않는다고 말했다. 부시는 대외 정책이란 자국의 이익에 우선되는 주요 가치들에 중점을 맞추어야 한다고 생각했다. 따라서 부시는 미국과 직접적인 관련이 없는 임무를 위해 미국의 무력을 사용할 의사가 없다고 밝혔다.

블레어는 유럽의 지도자로는 맨 먼저 부시 대통령을 만났다. 회담에서 두 사람은 서로를 평가했고 이내 마음에 들어 했다. 부시는 블레어를 이렇게 평했다. "블레어는 공격적인 매력을 발산했고 저는 그게 마음에 들었습니다. 미국과 영국은 특별한 관계를 맺고 있으며 우리는 앞으로도 계속 이 관계를 유지해 나갈 것입니다. 우리 둘 중에 하나라도 곤경에 처하면 나머지 한쪽은 친구가 되어 도움을 줄 것입니다."

블레어가 처음에 예상했던 것과는 달리 부시가 개인적인 신념을 가진 솔직한 사람이며 국제적인 관계도 폭넓게 점유하고 있음을 알았다. 블레어는 양국의 관계가 반드시 쌍방의 이해를 충족시키는 방향으로 이루어져야 한다고 생각했다.

9·11 사태

2001년 9월 11일, 토니 블레어는 영국의 브라이튼이라는 해변 도시의 한 호텔에서 연설문을 훑어보고 있었다. 그러던 중 그는 텔레비전을 통해 믿을 수 없는 장면을 목격하고 정신이 혼미해짐을 느꼈다. 비행기 두 대가 차례로 뉴욕에 있는 세계 무역 센터 건물을 향해 날아가 충돌한 것이었다. 블레어가 이 장면을 보고 있을 때 또 다른 세 번째 비행기는 워싱턴 D. C.에 있는 미 국방부 건물로 날아들었고, 블레어는 세계 정세가 이제 완전히 뒤바뀔 것임을 즉각적으로 알아차렸다.

블레어 총리는 즉시 런던으로 돌아갔다. 그런 다음 보안 담당 간부 및 수석 고문관들과 비밀 벙커에서 테러범들의 공격에 대처할 방안을 논의했다. 회의를 시작한 지 몇 시간이 안 되어, 부시 대통령이 플로리다 여행에서 워싱턴 D. C.로 돌아오는 도중에 블레어는 세계 언론을 향해 이렇게 말했다. "이것은 미국과 테러리즘의 전쟁이 아닙니다. 자유 민주세계와 테러리즘과의 전쟁입니다. 그래서 우리 영국은 우리의 친구 미국과 함께 어깨를 나란히 하여 이 비극의 시기에 사악한 무리를 지구에서 몰아낼 때까지 쉬지 않고 싸울 것입니다."

　블레어가 가장 먼저 우려한 것은 미국이 너무 빨리 일방적인 복수를 감행할지도 모른다는 점이었다. 그는 부시 행정부가 동맹국들이 미국의 행동을 제지하는 것을 얼마나 싫어하는지 알고 있었다. 그는 미국이 국제적인 규칙을 무시하고 테러범들, 즉 오사마 빈 라덴이 이끄는 이슬람 원리주의자 단체 알 카에다를 무지막지하게 추적할 것이라 예상했다. 블레어는

◀ 블레어는 2001년 9월 11일, 텔레비전을 통해 믿을 수 없는 장면을 목격했다. 이른바 9·11 테러 이후 세계 정세는 급격한 변화를 겪었다.

미국이 너무 빨리 군사적 행동을 취하면 국제적인 상황을 더 악화시키고 이슬람 사회와 기독교 사회의 국제적인 충돌을 조장할 것이라고 생각했다. 게다가 중동과 서구, 심지어는 미국에 반대하는 유럽과 미국의 충돌까지도 야기할 수 있다는 점을 우려했다. 그는 이렇게 힘들고 복잡한 시기일수록 미국이 다른 국가들과 함께 협력할 수 있도록 노력을 다해야겠다고 결심했다.

블레어는 9·11 사태가 벌어진 다음날 부시와 전화로 대화를 나눴다. 부시 대통령은 처음에는 블레어의 충고에 열린 자세로 임했다. 그러나 날이 갈수록 부시 대통령과 백악관 고문들은 전쟁이 일어날 것이라는 강경한 이야기를 입에 담았고, 블레어와 측근들은 점점 더 걱정이 되기 시작했다. 부시가 국회에서 있을 대통령 연설에 블레어를 초대했을 때도 몇몇 고문관들은 가지 말라고 했다. 마치 부시와 미국이 내린 명령에 블레어가 복종하는 것처럼 보일 수도 있었기 때문이다.

그러나 블레어는 자신이 언제나 말했던 것처럼 그것이 옳은 일임을 알고 있었다. 9월 20일, 블레어는 세계 무역 센터 건물이 무너진 폭파 참사 지점을 둘러본 후 다시 워싱턴 D. C.로 가서 세계를 향한 부시의 연설을 들었다. "미국에게 영국만큼 진정한 친구는 없습니다."라고 부시가 말했을 때 청중은 기립 박수를 치며 블레어를 환영했다.

사실 블레어는 남몰래 부시에게 군사 행동만이 해결책은 아니라고 설득했다. 블레어는 공동체에 대한 신념과 세계 각국이 공통적으로 갖고 있는 소망에 다시 한 번 초점을 맞추었다.

그러나 이런 노력에도 불구하고 블레어는 부시 내각의 각료가 이라크 침공 이야기를 했을 때 크게 놀랐다. 블레어가 아는 한, 이라크와 사담 후세인은 이슬람 급진파인 오사마 빈 라덴 또는 알 카에다와 아무런 관련이 없었다. 블레어는 알 카에다의 근거지가 있는 아프가니스탄을 목표로 삼아야 한다고 주장했다. 결국 부시는 블레어의 의견에 동의했지만 사담 후세인의 이라크에 대한 독재는 나중에 반드시 처리해야 할 문제라고 언급했다. 블레어는 이에 동의했다.

보복

　9·11 사태 이후 블레어는 노동당의 연례 회의에서 필요하다면 아프가니스탄에 무력을 동원해서라도 국제적인 테러를 뿌리 뽑아야 한다고 역설했다. 10년도 넘게 탈레반이라는 보수 이슬람 단체가 이슬람의 경전인 코란을 자기들 마음대로 해석하여 이를 바탕으로 이라크를 다스렸다. 탈레반 멤버들은 훈련 캠프와 알 카에다 본부, 빈 라덴 그리고 그의 최고 부관들을 위해 안전한 장소를 제공했다. 블레어는 극단적인 이슬람 정부를 교체하도록 국제적인 연합을 통해 압박하고자 했다. 그는 또한 국가 간에 광범위한 협력을 구축하여 전쟁으로 인해 파멸의 지경에 이른 약소 국가, 아프가니스탄을 재건해야 한다고 주장했다.

　9·11 사태에서 희생된 수천 명의 사람들을 추모하는 자리에서 블레어는 이렇게 연설했다. "단순히 죄를 처벌하는 데 그치지 말고 더 나은 무언가가 이루어져야 합니다. 이 사악한 그림자에서 빠져나와 변치 않는 선의 길로 들어서야 하며, 테러리즘에 이용되는 기구들은 어디에서 발견되든지 파괴해야 합니다. 차분하게 질서를 지키며 서로간의 차이를 받아들이면

아프가니스탄의 수도 카불 근처에 있는 탈레반 군사들의 모습.

서 새로운 시작을 희망하는 나라들에 도움을 주며, 서로 다른 국가들을 더 깊이 이해하고 서로 다른 신념을 더 깊이 이해해야 합니다. 무엇보다 가난하고 소외된 사람들을 위한 정의와 그들의 성공을 실현해 주어야 합니다. 그럼으로써 폭력이나 폭군의 만행이 아닌 자유로운 시민의 창조적인 힘으로 열심히 노력하면 모든 사람에게 더 나은 미래가 주어질 수 있다는 것을 깨닫게 해야 합니다."

불편한 동맹 관계

그해 가을 내내 블레어는 중동 지방과 전 세계를 돌아다녔다. 그는 과격한 탈레반 정권과 알 카에다에 어떻게 대처해야 하는지를 놓고 빚어지는 갈등과 분열을 극복하도록 도와주었다. 혼란스런 세상에 안정을 되찾게 하기 위해 애썼다. 영국의 특공 부대는 아프가니스탄 전쟁에서 미국의 군대를 지원해 주었다. 탈레반 정권이 11월 말에 무너지자, 블레어는 부시가 그곳에 남아 안정적이고 순조롭게 새로운 국가를 건설하도록 설득하려고 했다.

그러나 사건은 순식간에 빠르게 진행되었다. 부시와 고문관들은 여전히 사담 후세인이 집권하는 이라크가 잠재적인 위협이 된다고 믿었으며, 특히 후세인이 대량 살상 무기를 갖고

미국에서는 이라크의 장기 집권자인 사담 후세인(사진)을 세계 안보에 위협적인 존재로 보았다.

있을 경우에는 더욱 심각하리라고 생각했다. 사담 후세인은 1998년 유엔 무기 사찰단을 당황하게 만든 적이 있다. 그동안 충분한 시간이 있었고 어쩌면 새로운 무기를 개발했을지도 몰랐다. 영국과 미국 정보 기관의 보고서에 따르면, 1998년 이래로 사담 후세인이 핵무기와 생화학 무기 그리고 화학 무기 프로그램을 다시 시작한 것으로 알려졌다. 머지않아 그가 그러한 무기들을 사용할 수도 있을 것이며 최악의 경우 알 카에다와 같은 위험한 집단에 그러한 무기들을 팔아넘길 수도 있다는 것이었다.

많은 사람들은 사담 후세인이 이슬람 과격파와 아무런 관련이 없을 뿐 아니라 오히려 그들을 싫어하며, 그들 역시 후세인을 싫어한다고 주장했다. 어떤 이들은 사담에게 무기가 없을지도 모른다고 생각했다. 그러나 후세인이 1990년에 쿠르드족에게 독가스를 사용한 것과 이웃 나라를 두 차례 침공한 것, 이라크의 국민들을 살해한 것은 부정할 수 없는 사실이었다. 그러나 유엔의 무역 제재 조치가 몇 년 동안 지속되었고 무기 사찰을 시행하면서 무기를 강압적으로 파괴했기 때문에 후세인 정권은 사실상 무력해진 상태였다.

그러나 아프가니스탄 공습 후, 다음 목표는 이라크라고 부시가 말했을 때 블레어는 동의했다. 그는 유엔을 무시하고 무역 제재 조치를 얕본 이라크의 독재자 정부가 언젠가는 공격당해야 한다고 생각하고 있었던 것이다.

외교 사안의 해답 요구

사담 후세인을 정권에서 몰아내는 것은 블레어의 정치적인 견해와 일치했다. 그것은 여러 가지 이유에서 옳은 일이었다. 그는 후세인처럼 자기 나라 국민을 죽인 사악한 지도자는 반드시 교체되어야 한다고 생각했다. 문제는 '어떻게 정권을 교체하느냐'였다.

이라크와 전쟁을 벌일지도 모른다는 추측이 점점 가시화되어 TV 토크쇼와 신문 기사들을 장식했다. 2002년 4월, 블레어는 텍사스에서 유엔의 승인을 받은 다음 행동을 취하라고 부시를 설득했다. 유엔은 후세인이 무기 사찰단을 수용하도록 압박할 수 있었다. 만약 후세인이 이를 거부한다면 전쟁은 정당화될 수 있었다. 블레어와 측근들은 부시가 유엔에 가야 한다고 생각했다.

런던에서는 블레어 내각에서 여러 명의 장관들이 미국이 일방적으로 전쟁을 밀어붙일 경우에 예상되는 비참한 결과에 대해 경고했다. 내무부 장관 로드 골드스미스는 유엔의 어떠한 지시 없이 이라크를 침공하는 것은 국제법을 위반하는 것이라는 내용의 경고에 가까운 보고를 올렸다. 그는 덧붙여 유엔의 지원이 있더라도 공격에 앞서 이라크가 대량 살상 무기를 사용하려는 의도가 있으며, 이 때문에 즉각적인 위협이 예상된다는 것을 증명해야 한다고도 말했다.

블레어는 7월 말까지는 부시에게서 아무런 연락도 받지 못했다. 미국은 이라크를 침공하기 위해 계획대로 준비하고 있었다. 이라크가 대량 살상 무기를 갖고 있는지 없는지의 문제를 떠나서, 미국은 사담 후세인을 그 지역, 더 나아가서는 전 세계에 위협적인 존재라고 보았다.

그해 7월, 부시는 미국 외교 정책의 새로운 기본 방향을 공포했다. 그는 미국은 자국의 적이라고 간주되는 국가에 대해 선제 공격을 펼 것이라고 말했다.

블레어는 걱정되기 시작했다. 그는 부시에게 유엔의 지시를 받지 않으면 블레어 내각이나 영국의 시가지에서도 거센 반대에 부닥치게 될 것이라고 충고했다. 그러나 워싱턴의 주미 영국 대사관과 뉴욕 유엔 본부로부터 기어코 불안한 소식이 전해졌다. 미국이 독단적으로 전쟁을 할 준비가 되어 있다는 것

부시는 블레어와 콜린 파월의 뜻에 따라 유엔을 거쳐 행동하는 것에 동의했다. 왼쪽부터 블레어, 콜린 파월, 부시.

이다. 부시의 수석 고문관들은 이라크와 전쟁을 해야만 하는 명분이 있다고 생각했다.

그러나 부시는 블레어와 콜린 파월 미 국무 장관의 뜻에 따랐다. 유엔을 거쳐서 행동하는 것에 동의했다. 9월 12일, 조지 부시는 뉴욕 유엔 본부에 있는 모든 회원들과 그를 기다리고 있는 전 세계를 향해 선포했다. 미국은 지금까지 이라크가 유엔의 결정을 위반한 사항들을 인내심 있게 하나하나 기록해 놓았으며, 유엔을 '세계에서 가장 중요한 다국적 기구'라고 말했다. 마침내 그는 "미국은 필요한 해결 방안을 이끌어 내기 위해 유엔 안전 보장 이사회에 협력할 것입니다."라고 약속했다.

전쟁을 할 것인가, 말 것인가?

블레어는 어떻게 해서든 미국이 이라크에 강경하게 대처하지 않도록 부시를 설득시키려 했으나 그의 노력에도 불구하고 부시 행정부는 쉴새 없이 밀어붙였다. 부시가 유엔에서 연설을 하고 나서 일주일 만이었다. 들어오는 뉴스와 현 행정부에서 언급한 말들에 의하면 부시는 유엔의 결정에 상관없이 이라크 침공을 개시할 준비가 되어 있음이 명백하다는 것이다. 이로써 블레어와 우호 관계를 맺고 있던 유럽 나라들은 조지 부시를 믿지 못하게 되었다.

한편 블레어는 그의 정보국 MI6(미국의 중앙 정보부, 즉 CIA와 비슷한 기관)에 계속 지시해서 사담 후세인이 대량 살상 무기를 갖고 있다는 증거를 찾아 보고하도록 했다. 그해 9월, 블레어 정부는 이라크의 대량 살상 무기를 주제로 지금까지 수집한 증거들을 바탕으로 한 50쪽 분량의 보고서를 제출했다. 이 보고서 중에 아직 확인되지 않은 한 자료에 따르면, 사담 후세인이 45분 이내에 사용할 수 있는 화학 및 생물학 무기들을 대량으로 비축하고 있다고 되어 있었다. 대량 살상 무기 전문가들 중에는 그 말이 사실이 아닐 것이라는 이들도 있었지만 이 정보는 MI6 국장에게서 직접 나온 말이었다. 언론, 블레어와 그의 고문관들, 부시와 그의 고문관들 모두 확인되지 않은 이 정보를 계속해서 써먹고 있었다.

　블레어는 자신의 모든 주장을 무기가 존재한다는 쪽에 못 박았다. 10월 내내, 유엔 안전 보장 이사회의 이사국들은 유엔의 결정에 따른 용어 선택과 이전에 있었던 유엔의 결정에 대한 표현들을 주제로 논쟁을 벌였다. 결국 2002년 11월 8일, 뜨거운 논쟁을 거듭한 끝에 '1441 결의문'이 만장일치로 통과되었다. 이 결의문은 사담 후세인이 지금까지 무시했던 이전의 모든 유엔의 결정들을 만회할 수 있는 마지막 기회를 그

45분의 진실

　2003년 5월 말, 영국 방송사(BBC)의 기자 앤드류 길리건은 세계가 깜짝 놀랄 만한 소식을 전했다. 이 내용이 만일 사실이라면 블레어 정부를 물러나게 할 수도 있었다. 길리건은 라디오와 TV를 통해 2002년에 사담 후세인이 45분 만에 목표물을 파괴할 수 있는 대량 살상 무기를 소유하고 있다고 말한 블레어의 주장은 거짓이었으며, 이 점을 당시 블레어도 알고 있었다고 말했다. 길리건은 블레어가 영국을 전쟁에 참여하도록 할 목적으로 온 국민을 속인 것이라 주장하고 있었다.

　블레어는 이 소식을 듣고 크게 화를 내며 강하게 부인했다. 두 차례의 국정 조사 결과 블레어에 대한 이러한 혐의는 사실이 아닌 것으로 밝혀졌다. 그러나 길리건이 무기 사찰단 멤버이자 영국 정부 기관 소속 과학자 데이빗 켈리 박사를 전면에 내세우면서 논란은 계속되었다. 내성적인 성격의 데이빗 켈리는 언론의 집중포화를 받고, 2003년 7월 17일 블레어가 미국 국회에서 연설하고 있었을 때 팔목을 칼로 그어 자살했다.

　소란은 격해졌다. 블레어는 명망 높은 판사 허튼 경을 지목하여 켈리의 자살에 관해 상세히 조사하도록 명령했다. 조사 과정에서 블레어 총리도 법정에서 증언을 했으며 다른 많은 사람들도 증언대에 세워졌다. 허튼 경은 2004년 1월 말, 블레어와 현 행정부에서 아무런 잘못도

> 찾아내지 못했다는 내용의 보고서를 제출했다. 또한 이 보고서를 통해 길리건의 보도를 강하게 비난했으며 그러한 부정확한 보도를 방송한 BBC 역시 비판했다.

에게 주고 있었다. 그러나 그 기회를 얻기 위해서는 즉시 의심되는 모든 지역들에 무기 사찰단이 완전히 접근하도록 허락해야만 했다.

프랑스에서는 만일 후세인이 응하지 않을 경우에 대비해 다음에 취해야 할 단계를 결정하기 위한 두 번째 결의안을 내놓기를 원했다. 미국에서는 즉각적인 군사 대응이 자동적으로 취해질 수 있는 시효를 정하자고 했다. 그러나 결국 블레어의 절충안이 채택되었다. 만일 사담이 유엔의 새 결의안을 따르지 않으면 유엔 안전 보장 이사회가 또 다시 만나서 다음에 어떤 행동을 취할지 결정한다는 제안이었다.

그러나 이미 미국의 군대는 이라크의 국경 부근에 집결해 있었으며 블레어는 20만 명의 군대를 결집시키라는 명령을 내렸다. 영국의 군대는 사담 후세인이 유엔의 요구에 응하도록 자극할 목적으로 결집된 것이었으나 시간이 갈수록 사람들은 그의 의도와는 달리 전쟁이 이미 계획되었고 결정된 것처럼 받아들였다.

블레어는 프랑스 대통령 자크 시라크와 독일 총리 게르하르트 슈뢰더에게 조지 부시는 국제적인 협력을 통해 테러 문제를 해결하려 한다고 설득시키고자 했으나 결국 실패했다. "사람들이 그에 대해 하는 말은 듣지 말고, 그가 하는 행동만 지켜봅시다." 블레어는 그 두 사람과 다른 유럽 지도자들에게 이렇게 부탁했다.

그러나 12월이 되자 블레어의 노동당에서조차 대부분이 부시는 무슨 일이 있어도 전쟁을 할 것이라고 믿게 되었다. 12월 8일에는 사담 후세인이 이라크 무기에 관한 1만 2,000쪽 분량의 보고서를 넘겨주었다. 그 보고서에는 새로운 정보는 하나도 없었으며 사담이 유엔에 다시 한 번 반항하는 것으로밖에 보이지 않았다. 블레어와 부시 모두 이라크 지도자가 물러날 때가 되었다고 결정했다.

그러나 블레어는 전 세계를 위해서, 그리고 자신의 정치 생명을 위해서 부시가 국제적인 절차에 따른다고 했던 약속을 지키도록 설득해야만 했다. 노동당에서는 반대의 목소리가 점점 높아지고 있었다. 영국 내 여론 조사에서는 대다수의 사람들이 이라크 전쟁에 반대하는 것으로 나타났다. 블레어는 유엔의 두 번째 결의안 없이 전쟁에 참여하는 것을 노동당 사람들이나 국민들에게 정당화시킬 재간이 없었다. 2003년 1월 말경, 시라크와 슈뢰더는 다음과 같이 공동 선언했다. "전쟁은 패배를 인정하는 것일 뿐입니다." 그들은 두 번째 결의안에서 투표권을 행사할 생각이 없었다. 더 이상 블레어가 유럽의 협력을 얻는 것은 불가능한 듯 보였다.

유엔 무기 사찰단 소속의 스웨덴 출신 한스 블릭스와 국제 원자력 기구 소속 모하메드 엘 브라데이는 2003년 1월에 유엔에 사찰 결과를 보고했다. 사찰단은 어떠한 대량 살상 무기도 찾지 못했으며 다량의 신경 가스가 사라진 흔적만이 있을 뿐이

모하메드 엘 브라데이(오른쪽)와 한스 블릭스가 기자 회견을 하는 모습(2003년).

지만, 이라크는 지금도 사찰 협정을 위반하고 있다고 했다.

프랑스와 독일은 무기 사찰단이 이라크에 가서 조사할 때부터 전쟁을 반대한다고 주장해 왔다. 2월 5일에는 미 국무 장관 콜린 파월이 유엔에 모습을 드러냈다. 그는 미국이 신중해야 한다고 촉구하는 몇 안 되는 조언자 중 한 명이었다. 그가 말하길 CIA가 제공한 믿을 만한 자료에 의하면 이라크는 대량 살상 무기를 갖고 있다고 했다. 이로부터 9일 후에 블릭스는 유엔 회의에 참석해 파월이 제시한 증거를 반박했다.

블레어는 대서양을 왔다 갔다 하면서 부시로부터 무기 사찰단이 대량 살상 무기를 찾아낼 때까지, 그것도 안 되면 두 번째 유엔 결의안이 통과될 때까지만이라도 참고 기다리겠다는 확답을 받으려고 노력했다. 2월 중순경에 한스 블릭스는 다시 한 번 유엔에 보고해 왔다. 그는 사담 후세인이 무기 사찰에 협력해 왔으며 이 사찰에서는 아무것도 찾지 못하기는 했으나 앞으로도 계속 사찰해도 된다는 허락을 받았고 이전에는 사찰단의 접근이 허용되지 않았던 지역까지도 조사할 수 있게 되었다고 보고했다. 사담 후세인은 독 안에 든 쥐였다. 그럼에도 불구하고 부시 행정부는 전쟁을 추진했다.

그 다음날, 전 세계의 여러 도시에서 수백만 명의 사람들이 거리로 나와 확실시된 전쟁을 반대하는 시위를 벌였다. 그들은 이 전쟁이 오로지 미국 정부와 그들에게 충성하는 토니 블레어만이 원하는 것이라고 생각했다. 100만 명이 넘는 사람들이 영국의 여러 도시에서 시위를 벌였고 런던에서만 75만 명이 모였다.

하지만 2월 26일 치러진 국회의 모의 선거에서 블레어는 참전 승인을 받을 수 있었다. 보수당에서 다수가 찬성한 덕분이었다. 그러나 노동당에서는 121명이 반대했다. 노동당 지도자들은 블레어에게 이 선거가 만일 실제 선거였다면 노동당 의원의 절반인 200명이 그에게 반대 표를 던졌을 것이라고 경고했다.

3월 중순에는 유엔이 무력 사용에 찬성하는 또 다른 결의안을 내놓을지라도 프랑스와 독일은 반드시 그에 대해 반대하리라는 것이 분명해졌다. 유엔의 결의안은 통과될 수 없었다.

블레어는 감기에 시달려 몸이 쇠약해져 있었고, 조지 부시 때문에 쉬지 않고 외교적인 노력을 쏟아 붓느라 지쳐 있었다. 또한 조지 부시가 유럽 협조의 필요성을 이해하도록 설득하지 못한 자신의 무능함에 실망하고 있었다. 그의 인간적인 매력과 설득의 기술 모두 실패했다.

3월 10일에는 프랑스의 시라크 대통령이 프랑스는 전쟁 결의안 통과를 어떠한 일이 있어도 막아낼 것이라고 선언했다.

블레어는 영국 국민들에게 유엔의 결의안 없이는 전쟁에 임하지 않을 것이라고 약속했다. 그러나 그가 시라크 대통령처럼 거부권을 행사하여 결의안의 통과를 막을지라도 미국은 기존의 유엔 결의안만을 가지고도 군사 행동을 취할 수 있었다.

곳곳에서 협상이 중단되자 세계는 숨을 멈추고 이들을 주시했다. 3월 16일, 부시, 블레어, 스페인 총리 호세 마리아 아스나르는 대서양에 위치한 아쏘레 섬에서 회담을 가졌다. 다음날 부시 대통령은 미국은 두 번째 유엔 결의안을 기다리지 않을 것이며 유엔의 승인 없이 전쟁을 시작할 것이라고 선언했다. 블레어는 놀라서 할 말을 잃었지만 미국을 따르지 않고 다른 조치를 취하기에는 너무 때가 늦었다고 생각했다.

3월 18일, 토니 블레어는 전쟁을 정식으로 허가하는 하원 투표에서 연설을 했다. 그는 사담 후세인 정권의 횡포와 영국 국민과 전 세계를 상대로 하는 사담 후세인의 위협에 함께 맞서자고 의원들을 촉구했다. 블레어는 있는 힘을 다해 열정적으로 말했다. "지금은 머뭇거릴 때가 아닙니다. 지금은 우리의 삶을 위험에 빠뜨리려 하는 전제 정치와 독재 그리고 테러리스트

영국 하원의원들이 모인 자리에서 이라크와 알 카에다가 연관되어 있다고 주장하는 토니 블레어.

에 맞서 싸울 때입니다. 또한 우리가 옳은 일을 할 용기와 결단력이 있다는 것을 전 세계에 보여줄 때입니다."

세 명의 장관이 사임했고 139명의 노동당원들이 반대했지만 전쟁 승인 투표는 통과되었다. 하지만 투표에서 승리했다고

해서 기뻐할 수도 없는 노릇이었다. 24시간 후에 조지 부시는 이라크 수도 바그다드에 공습 명령을 내렸으며 영국은 전쟁의 한가운데에 있었다.

| 맺음말

앞으로 갈 길

이라크 전쟁 그 후

　영국 군대가 이라크 전투 지역으로 파병되자 어느새 영국 여론은 그들의 전투 부대와 전쟁을 지지하는 쪽으로 바뀌었다. 영국 군대는 일주일도 안 되어 이라크 남부에 위치한 항구 도시 바스라를 점령했다. 또한 3주 만에 미국 해군과 육군이 바그다드에 상륙했다. 5월 1일, 부시 대통령은 주요 교전은 종료되었다고 선언했다. 사담 후세인의 군대는 화학 무기나 생물학적

◀ 이라크에 파병된 영국 군대를 방문한 토니 블레어.

무기를 사용하지 않았다. 사실 이라크 군대는 대부분 쉽게 해산되었다.

그러나 전쟁이 끝났다고 선언하자마자 뒤이어 이라크의 대부분 지역이 혼란에 빠졌다. 폭동과 강탈이 잇따랐고 수도, 전화, 전기 등이 모두 끊겼다. 또한 국립 박물관의 그 무엇과도 바꿀 수 없는 귀중한 문화 유물들이 강탈당했다. 영국과 미국 연합군은 전쟁을 하기까지 오랜 준비 기간이 있었지만 전쟁이 끝난 후 평화 유지에는 준비가 안 된 듯했다.

2003년 봄과 여름 내내 바그다드와 이라크 전체의 안전은 악화되었다. 많은 단체들이 이라크 점령에 분노하며 암살을 자행하고 닥치는 대로 살인을 저질렀다. 테러범들은 민간인들과 군사 목표물들을 향해 자살 폭탄 테러를 자행했고 수많은 사상자를 냈다.

유명한 온건 이슬람 지도자 역시 테러에 희생되었다. 8월 중순에는 바그다드에서 자살 폭탄 테러단이 유엔 사절단의 숙소 건물을 공격해 유엔 사절단 대표 세르지오 비에이라 데 멜로를 비롯한 20명의 동료들과 간부들이 목숨을 잃는 사건이 발생했다.

　10월에는 이라크 카르발라에서 열린 성스러운 이슬람 축제에 참가한 수백 명의 참배객들이 목숨을 잃거나 부상당하는 일이 있었다. 절도, 강간, 살인을 비롯한 모든 종류의 범죄들이 바그다드 거리에서 빈번하게 일어나고 있었다. 법과 질서는 사라졌으며 평범했던 이라크 국민들은 생명의 위협 속에 살게 되었다.

　대부분의 전문가들은 이러한 공격이 사담 후세인과 정치적인 동맹 관계를 맺은 적이 있는 과격 이슬람 단체나 알 카에다, 아니면 스스로를 서구권에 대항하는 성스러운 전쟁 '지하드'(흔히 이슬람교의 옹호와 전파를 위해 이교도에 대해 벌이는 전쟁)의 용사들이라고 주장하는 다른 단체들이 벌인 것이라 생각했다. 그들은 이라크를 혼란스럽게 만들어 아무도 다스릴 수 없는 곳으로 만들고자 했다.

불안한 미래

　아직까지도 토니 블레어는 그를 가장 혹독하게 비평한 사람조차도 인정할 정도로 용기와 신념이 있는 사람으로 여겨지고 있다. 2003년 5월 3일에 그는 오십 번째 생일을 맞이했으며 최고의 지위에 자리한 정치가로서 축하와 찬사를 받았다.

국회로부터 명예의 메달을 수여받은 후에 토니 블레어는 2003년 7월에 있었던 국회 연설에서 이렇게 말했다. "테러리즘과 대량 살상 무기가 결합될까요? 여러분에게 한 가지만 말씀드리지요. 설사 우리의 결정이 틀렸다 하더라도 우리는 적어도 비인간적인 대량 학살과 고통에 책임져야 할 위협적인 존재를 제거한 것입니다. 그것은 역사가 용서할 수 있을 것입니다. 그러나 만일 우리를 비판하는 사람들이 틀렸고, 제가 온몸을 통해 본능적으로 믿고, 또 신념을 가지고 믿듯이 우리가 옳았다면 어떨까요? 더구나 통치권까지 있으면서 아무런 행동도 취하지 않고 이러한 위협에 맞서는 것을 주저한다면 그것이야말로 역사가 용납하지 않을 것입니다."

바그다드가 함락되고 나서 1,000명도 넘는 전문가로 구성된 CIA 무기 사찰단이 조사에 착수했다. 그러나 비축된 무기도, 단 하나의 대량 살상 무기도 발견되지 않았다. 6개월의 탐

색 작업 후에 무기 사찰단의 책임자였던 데이비드 케이는 이 전쟁이 잘못되었다고 말했다. 대량 살상 무기는 없었던 것이다. 다른 국가를 침략할 기미도 보이지 않았으며 이라크의 무기 프로그램은 이미 수년 전에 종료된 상태였다. 무기 사찰단은 핵무기 프로그램의 증거 또한 찾아내지 못했다. 이전에 CIA에서 제공한 정보는 잘못된 것이었다.

2003년 12월 중순, 자신의 고향 티크리트에서 멀지 않은 곳의 지하 땅굴에 숨어 있던 사담 후세인을 미군이 특수작전으로 찾아냈다. 아이러니하게도 영국과 미국의 군대가 이라크에 입성한 지 1년여가 지났지만 이라크의 사정은 더 처참해졌을 뿐 나아질 기미가 보이지 않았다. 한때는 평화로웠고 연합군에게 협조적이었던 지역들도 지금은 폭력이 난무한다. 이라크 전쟁을 통틀어 가장 맹렬했던 싸움은 사담 후세인에게 충성스러웠던 지역들뿐 아니라 사담 후세인이 싫어했던 지역들에서조차 발생했다.

이라크에 대한 침공을 보복이나 하는 양 테러범들은 전 유럽에서 폭동을 일으켰다. 2003년 11월에는 알 카에다와 연관

있는 터키의 자살 폭탄 테러 차량이 이스탄불에 있는 유대인 교회 두 군데를 덮쳤다. 또한 런던에 본점을 둔 이스탄불의 한 은행과 영국 정부 기관 건물 역시 자살 폭탄 테러 차량의 공격을 받아 27명이 목숨을 잃었다.

총선거를 하루 앞둔 2004년 3월 11일, 스페인 마드리드에서는 한창 많은 사람으로 붐빌 시간대에 네 군데의 통근 기차에서 폭탄 10개가 터졌다. 그 사고로 인해 191명이 사망했으며 1,800여 명이 부상을 입었다. 다음날 선거를 통해 전쟁에 반대하는 새로운 사회당 정부가 출범했으며 호세 마리아 아스나르 정부는 막을 내렸다. 아스나르는 이라크를 침공했을 때 블레어와 함께 부시의 가장 강력한 동맹자였다. 새로운 스페인의 사회당 대통령은 스페인 군대를 이라크에서 완전히 철수시켰다.

4월 말에는 50명이 넘는 전·현직 외교관들이 블레어에게 공개 서신을 보냈다. 이 서신에서 이들은 블레어가 부시의 이라크 전쟁에 가세한 것을 신랄하게 비판했다. 이들은 전쟁에 참여함으로써 영국이 많은 적을 만들게 되었고 진정한 테러와의 전쟁, 즉 알 카에다와 같은 테러 단체와의 전쟁에서는 벗어났을지 몰라도 혼란은 더욱 가중되었다고 적었다.

　블레어는 깊은 도덕적 신념을 가진 정치가로서 그러한 도덕적 신념을 실제적인 정치 행동에도 그대로 반영했다. 도덕적 신념 때문에 블레어는 미국 대통령에게 속지 않았다고 국민들을 설득시켜야만 했다. 그러나 그는 부시 대통령에게 이용당한 꼴이 되었으며 결과적으로 모든 것이 부시의 뜻대로 끝났다. 이 때문에 2004년 봄에서 여름으로 넘어가는 기간 내내 블레어는 딜레마에 빠져 있었다. 2004년 6월, 중간 선거에서 노동당은 464석의 의석을 잃었으며 이는 역사상 여당이 기록한 최악의 성적이었다. 노동당의 반대표는 거의 대부분 블레어가 영국을 이라크 전쟁으로 끌고 갔기 때문이었다. 블레어는 2006년 총선거를 앞두고 있는 노동당 내에서도 반대 세력에 부딪치고 있다. 시간이 흘러 이라크 상황이 변화되어야만 블레어가 미래의 역사가들에게 어떻게 평가받을지 알 수 있을 것이다.

TONY BLAIR by Thomas M.Collins
Text copyright ⓒ 2005 by Thomas M.Collins
All rights reserved.
This Korean edition was published in 2006 by Sungwoo Publishing Company by arrangement of Twenty-First Century Books, a division of Lerner Publishing Group, 241 First Avenue North, Minneapolis, Minnesota 55401, U.S.A. through KCC(Korea Copyright Center Inc.), Seoul, Korea.

이 책의 한국어판 저작권은 (주)한국저작권센터(KCC)를 통해 저작권자와 독점계약한 도서출판 성우에 있습니다.
저작권법에 의해 한국 내에서 보호를 받는 저작물이므로 무단전재와 복제를 금합니다.

토니 블레어

초판 1쇄 찍은날 2006년 7월 20일
초판 1쇄 펴낸날 2006년 7월 25일

지은이 | 토머스 M. 콜린스
옮긴이 | 김은혜
펴낸이 | 주성우
펴낸곳 | 도서출판 성우
주소 | 121-839 서울시 마포구 서교동 383-18 진성빌딩 2층
전화 | 02-333-1324 **팩스** | 02-333-2187
출판등록 | 1999년 9월 28일 제22-1629호
홈페이지 | www.sungwoobook.com
이메일 | sungwoobook@paran.com
책임편집 | 노은정 김은경
편집 | 김효진
마케팅 | 주용현 이한주 김훈례
꾸민곳 | DESIGN STUDIO 203 (02-323-2569)
디자인팀장 | 고성주 · **디자인** | 류하나 장훈 서영희 김장오 김지훈

ISBN 89-5885-045-0 74840
       89-5885-086-8(세트)   CIP 2006001232

● 책값은 뒤표지에 있습니다. 잘못된 책은 구입한 곳에서 바꿔 드립니다.

지은이 | 토머스 M. 콜린스 Thomas M. Collins
『앨버커키 저널』의 칼럼니스트이자 비평가로 『LA 타임스』, 『아트 인 아메리카』, 『아트뉴스』, 『아메리칸 세라믹스』를 비롯한 많은 간행물들에 글을 썼다.

옮긴이 | 김은혜
숭실대학교 영어영문학과를 졸업하고, 서울대 고고미술사학과를 졸업했다. 번역한 책으로 《우리 눈에 보이지 않는 생물들의 세계》, 《청소년을 위한 신화이야기》, 《소공녀》 등이 있다.

사진 출처
(주)유로포토서비스 | 5, 53, 78, 116쪽
(주)토픽포토에이전시 | 8, 16, 18, 20, 25, 28, 46, 60, 68, 70, 82, 87, 93, 98(전부), 100, 102, 112, 120, 129, 142쪽
연합포토 | 11, 14, 58, 106, 124, 131, 135, 146, 148쪽
Hulton Archive/Hulton Archive/Getty Images | 35쪽
J. Wilds/ Hulton Archive/Getty Images | 39쪽
중앙포토 | 66쪽